广东乡村集萃系列丛书

广东特色建筑

广东省人民政府地方志办公室 编

华南理工大学出版社
·广州·

图书在版编目（CIP）数据

广东特色建筑 / 广东省人民政府地方志办公室编. —广州：华南理工大学出版社，2019.12

（广东乡村集萃系列丛书）

ISBN 978-7-5623-6045-2

Ⅰ.①广⋯ Ⅱ.①广⋯ Ⅲ.①乡村—古建筑—介绍—广东 Ⅳ.①K928.71

中国版本图书馆CIP数据核字（2019）第184060号

Guangdong Tese Jianzhu

广东特色建筑

广东省人民政府地方志办公室 编

出 版 人：卢家明

出版发行：华南理工大学出版社

（广州五山华南理工大学17号楼，邮编510640）

http://www.scutpress.com.cn E-mail: scutc13@scut.edu.cn

营销部电话：020-87113487 87111048（传真）

策划编辑：王魁葵 刘志秋

责任编辑：王魁葵 兰新文

印 刷 者：雅昌文化（集团）有限公司

开 本：787mm×1092mm 1/16 印张：18.25 字数：479千

版 次：2019年12月第1版 2019年12月第1次印刷

印 数：1～1300册

定 价：128.00元

版权所有 盗版必究 印装差错 负责调换

《广东乡村集萃系列丛书》编委会

主　任：陈华康
副主任：丘洪松　刘　卫　刘　波　朱立学
成　员（以姓氏笔画为序）：
　　　　丁伟志　王　涛　王　傅　王道钰　邓翠萍　田　亮　吕汉光
　　　　朱正国　朱雄文　刘路红　许志国　孙　林　孙少娜　李文蔚
　　　　杨立勋　邱家秋　张世开　陈　岚　陈子新　陈宏亮　陈宝德
　　　　罗会明　郑安兴　钟伟基　钟涓泓　洪志勇　姚佑雄　莫秀吉
　　　　黄小晶　黄荣超　戚兴华　彭建伟　曾秀兰　颜　琳
主　编：陈华康
副主编：刘　卫　刘　波　朱立学　陈泽泓

《广东乡村集萃系列丛书》编辑部

主　任：刘　波　曾秀兰
副主任（以姓氏笔画为序）：
　　　　王　傅　王晓亮　刘　珂　许志国　孙　林　张　莹　萧艳娥
　　　　戚兴华　颜　琳
成　员（以姓氏笔画为序）：
　　　　王洁娟　卢博希　华姝姝　李学英　林欣捷　林徐鹏　顾书娟
　　　　郭小娜　黄　璐

《广东特色建筑》编写组

　　　　戚兴华　郭思颖　刘凤英　潘泳月　李晓欣

《广东特色建筑》审查小组

　　　　朱立学　曾秀兰　颜　琳　孙　林　许志国　戚兴华　王　傅
　　　　侣同壮

九

广东特色建筑

前 言
Preface

　　乡村振兴是党的十九大作出的重大决策部署。建设产业兴旺、生态宜居、乡风文明、治理有效、生活富裕的乡村，是实施乡村振兴战略的总要求和总目标。党中央、国务院发布的《乡村振兴战略规划（2018—2022年）》指出，中华文明根植于农耕文化，乡村是中华文明的基本载体。深入挖掘农耕文化蕴含的优秀思想观念、人文精神、道德规范，结合时代要求在保护传承的基础上创造性转化、创新性发展，有利于在新时代焕发出乡风文明的新气象，进一步丰富和传承中华优秀传统文化。广东省委、省政府制定《关于推进乡村振兴战略的实施意见》，把乡村振兴摆在全省工作的"重中之重"。

　　广东省人民政府地方志办公室自2015年起开展全省自然村落历史人文普查，覆盖全省13万多个自然村，普查项目包括村落由来、建置沿革、姓氏人口、生产经营、物产资源、传统建筑、风俗习惯、文物非遗、人物等40个大项200个小项，为全面摸清广东乡村历史人文资源迈出坚实的一步。以普查资料编纂的《全粤村情》《驿道乡情》《广东省精准扶贫村情集成》系列图书陆续出版；组织多彩乡村主题教育实践活动，建立服务乡村数据库，带动全省地方志系统开发利用普查资源，打造项目多达400项。普查与乡村振兴战略高度契合，省地方志办把握新时代地方志事业发展战略机遇，制定了《开发利用自然村落普查资源 助力乡村振兴战略工作方案（2018—2020年）》，利用村落普查资源优势，对全省数亿文字的普查资料进行结构化开发利用，开发一批反映乡村人文历史及乡土风情的文化产品，助力乡村振兴战略。其中，"广东名村系列丛书"和"广东乡村集萃系列丛书"就是省地方志办策划、组织编撰的乡土文化普及读物，在全省自然村落普查的基础上，组织各地方志办推荐部分历史悠久、文化深厚、特色突出的村落，报送相关图文资料，再经项目编写组选录编撰。丛书执简驭繁，以图文并茂的形式，从不同角度展现广东乡村的悠久历史、乡土风情和文化魅力。

美在乡村，情系乡土。植根于乡土的乡村文明史，如一组绵延不断的歌诀从远古吟咏而来，深深影响着人类文明的发展，是维系乡村社会的精神纽带。在工业化、城镇化进程加快的今天，农耕生活已渐渐远去，但几千年的农耕文明已深植于民族血脉。开发利用村落历史文化资源，传承弘扬乡土文化，参与推动广东乡村文化振兴、产业振兴、生态宜居的伟大事业的持续发展，是地方志系统发挥自身价值、践行文化自信的重要举措。

丛书展现的村落，应当是富有特色、深具代表性的，限于篇幅，还有很多文化底蕴深厚、乡土风情浓郁的村落未能逐一呈现。乡村是一本深邃博大的书，阅不尽，耐寻味，这正是乡村带给人们的魅力所在。她们就像散落在南粤大地上的珍珠，闪耀着温润恒久的光芒，更像是阅尽千古世事却又精神焕发的耆老，叙说着乡里乡情。如果，您能从丛书中领略到广东乡村人文之美，感悟到乡土文化的内涵，激发您走近她、了解她，进而热爱她，愿意为振兴乡村添砖加瓦的话，就是丛书编撰的初衷和美愿了。

目录

民居

- 旗头镬耳屋·佛山市三水区 / 004
- 雅韶十八座·阳江市阳东区 / 006
- 汶塘镬耳屋·肇庆市封开县 / 008
- 上岳镬耳楼群·清远市佛冈县 / 010
- 莫屋镬耳屋·清远市阳山县 / 012

- 元勋旧址·深圳市罗湖区 / 014
- 鹤湖新居·深圳市龙岗区 / 016
- 大万世居·深圳市坪山区 / 018
- 龙田世居·深圳市坪山区 / 020
- 兴龙屋·河源市和平县 / 022
- 老围屋·河源市连平县 / 024
- 南华又庐·梅州市梅县区 / 026
- 东升围围屋群·梅州市兴宁市 / 028
- 善述围·梅州市兴宁市 / 030
- 丰泰堂·梅州市平远县 / 032
- 花萼楼·梅州市大埔县 / 034
- 泰安楼·梅州市大埔县 / 036
- 瑺公祠·梅州市五华县 / 038
- 墩仔寨·汕尾市陆河县 / 040
- 外翰第·湛江市遂溪县 / 042

月朗口村围屋·茂名市电白区 / 044

昆盛围屋·清远市阳山县 / 046

道韵楼·潮州市饶平县 / 048

南盛里住宅群·汕头市澄海区 / 050

崇德里·潮州市饶平县 / 052

郭氏大楼·揭阳市揭西县 / 054

大围村古宅·韶关市仁化县 / 056

五宅第古民居·惠州市龙门县 / 058

南社古民居·东莞市 / 060

塘尾古民居·东莞市 / 062

五福里·江门市新会区 / 064

五架之屋·阳江市江城区 / 066

奉政第·湛江市雷州市 / 068

居由轩·湛江市雷州市 / 070

李云龙家宅·湛江市雷州市 / 072

光二大屋·云浮市郁南县 / 074

上围村碉楼·深圳市龙华区 / 076

白花碉楼·深圳市光明区 / 078

沙边碉楼·中山市 / 080

瑞石楼·江门市开平市 / 082

自力村碉楼群·江门市开平市 / 084

刚直公祠古堡·湛江市雷州市 / 086

太平楼·肇庆市德庆县 / 088

桃源圩炮楼·清远市清新区 / 090

目录

磊石洋楼群·汕头市濠江区 / 092

华侨建筑群·中山市 / 094

浮月洋楼·江门市台山市 / 096

翁家楼·江门市台山市 / 098

安铺骑楼·湛江市廉江市 / 100

陈芳家宅·珠海市香洲区 / 102

唐绍仪故居·珠海市香洲区 / 104

陈慈黉故居·汕头市澄海区 / 106

陈少白故居·江门市江海区 / 108

关山月故居·阳江市江城区 / 110

杨愈将故居·清远市连山壮族瑶族自治县 / 112

祠堂 书塾

两塘公祠·广州市番禺区 / 116

曾氏大宗祠·深圳市宝安区 / 118

麦氏大宗祠·深圳市光明区 / 120

菉猗堂及建筑群·珠海市斗门区 / 122

潘氏大宗祠·佛山市南海区 / 124

黎氏大宗祠·东莞市 / 126

陈氏宗祠群·中山市 / 128

李氏宗祠古建筑群·阳江市阳春市 / 130

谢氏宗祠·阳江市阳春市 / 132

吴氏宗祠·湛江市雷州市 / 134

莫氏宗祠·湛江市雷州市 / 136

雷祖祠·湛江市雷州市 / 138

彭凤岗公祠·茂名市化州市 / 140

覃氏宗祠·肇庆市端州区　/　142

梁氏宗祠·肇庆市鼎湖区　/　144

闻乔曾公祠·肇庆市四会市　/　146

莫氏大宗祠·肇庆市德庆县　/　148

桂轩郑公祠·清远市清城区　/　150

朱氏大宗祠·清远市清新区　/　152

朝选林公祠·清远市英德市　/　154

学发公祠·清远市阳山县　/　156

从熙公祠·潮州市潮安区　/　158

绮云书室·深圳市宝安区　/　160

甄贤社学旧址·珠海市香洲区　/　162

冠山书院·汕头市澄海区　/　164

恬斋公书室·阳江市阳西县　/　166

周兴书室·湛江市坡头区　/　168

贵生书院·湛江市徐闻县　/　170

古书院建筑群·茂名市信宜市　/　172

白梅书院·茂名市化州市　/　174

荥阳书室·肇庆市端州区　/　176

园林

余荫山房·广州市番禺区　/　180

梁园·佛山市禅城区　/　182

清晖园·佛山市顺德区　/　184

可园·东莞市　/　186

詹园·中山市　/　188

立园·江门市开平市　/　190

目录

古城 古寨

- 南头古城·深圳市南山区 / 194
- 龙美寨·汕头市澄海区 / 196
- 东里古寨·汕头市潮南区 / 198
- 林寨古村·河源市和平县 / 200
- 石寨古村·汕尾市陆丰市 / 202
- 旧城西门楼·清远市连山壮族瑶族自治县 / 204
- 南岗瑶寨·清远市连南瑶族自治县 / 206
- 龙湖古寨·潮州市潮安区 / 208

庙宇

- 南海神庙·广州市黄埔区 / 212
- 凤山祖庙·汕尾市城区 / 214
- 云岗古寺·东莞市 / 216
- 报恩禅寺·中山市 / 218
- 北帝庙·江门市台山市 / 220
- 徐闻孔庙·湛江市徐闻县 / 222
- 护龙祖庙·肇庆市端州区 / 224
- 怀城文阁·肇庆市怀集县 / 226
- 张公庙·云浮市郁南县 / 228

古塔 灯塔

- 腾辉塔·汕头市龙湖区 / 232
- 文武阁塔·韶关市武江区 / 234
- 云龙寺塔·韶关市仁化县 / 236
- 松口元魁塔·梅州市梅县区 / 238
- 金鳌洲塔·东莞市 / 240
- 登云塔·湛江市徐闻县 / 242

渡头元魁塔·肇庆市端州区 / 244

鳌头塔·清远市清新区 / 246

慧光塔·清远市连州市 / 248

蚊尾洲灯塔·珠海市香洲区 / 250

北回归线标志塔·汕头市金平区 / 252

硇洲灯塔·湛江市麻章区 / 254

灯楼角灯塔·湛江市徐闻县 / 256

其他

梅溪石牌坊·珠海市香洲区 / 260

天褒节孝坊·汕头市金平区 / 262

进士坊·河源市和平县 / 264

孝阙流芳石牌坊·梅州市梅县区 / 266

贞孝坊·湛江市坡头区 / 268

普济桥·清远市清新区 / 270

陈塘宋桥·潮州市饶平县 / 272

崎碌炮台·汕头市金平区 / 274

调丰古官道·湛江市遂溪县 / 276

徐闻古港遗址·湛江市徐闻县 / 278

后记 / 280

九 广东特色建筑

广东特色建筑

民居

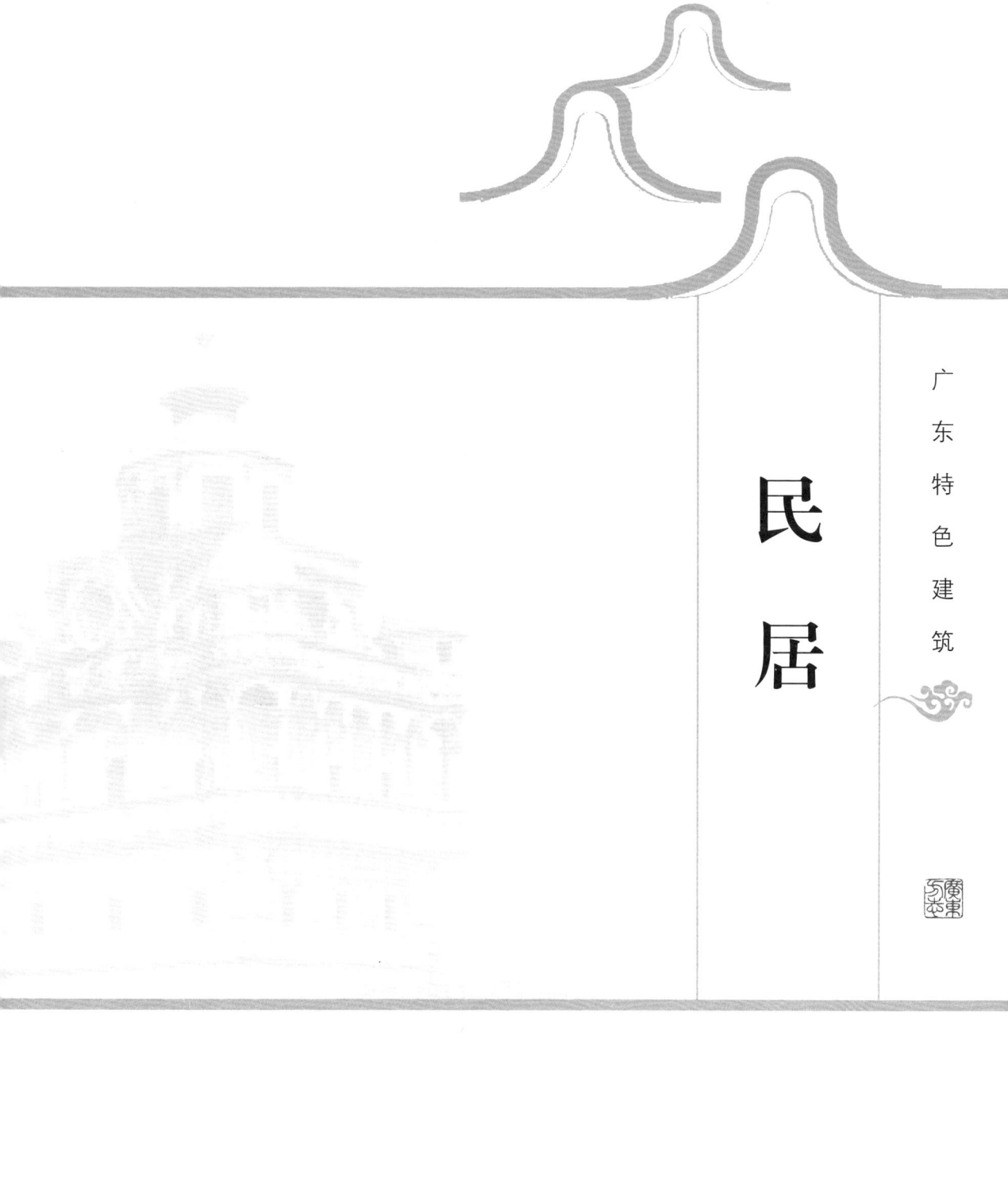

旗头镬耳屋·佛山市三水区

乐平镇大旗头村

◎镬耳屋盖如云（三水区地方志办供图）

气势恢宏的镬耳屋群

大旗头村也称郑村，始创于明嘉靖年间，原名大桥头，是粤中地区典型的以清代镬耳屋群为主要民居建筑的村落。古建筑群为清代广东水师提督郑绍忠所建，至今保存完整，现已被公布为广东省文物保护单位。大旗头村人聚族而居，采用粤中地区典型的梳式布局，集民居、祠堂、家庙、府第、文塔、村前广场以及池塘于一体，布局完整。每家每户都采用"三间两廊"式样，硬山顶镬耳式封火山墙，下有草尾装饰，入户门为框门，上有门罩。每栋古建筑的墙裙至少有40厘米，且为大石板建造，加强了防潮效果。

官帽样屋墙

官帽样屋墙，人称"鳌鱼墙"，又叫镬耳式封火山墙，官帽两耳用厚厚的青砖麻石砌筑，可起到隔火的作用。这种特色山墙象征官帽的两耳，引申为"独占鳌头"的意思，原只有拥有功名的人才能使用，后来在珠三角民居中被广泛采用。

大旗头村古建筑群的住宅结构基本相同，都是有着镬耳式封火山墙的青砖大瓦房，排成数列，远看整齐肃穆，气势不凡。而流线型的屋冠却又平添几分温柔。

镬耳屋顶（三水区地方志办供图）

村巷两边整齐划一的镬耳（三水区地方志办供图）

链接

大旗头村位于佛山市三水区乐平镇，是粤中地区典型的、具独特建筑风格的古村落。大旗头村风土人情淳厚，因其特有的保存十分完好的镬耳式古建筑群，整个村落被公布为广东省文物保护单位。村中还有五座家庙，分别为裕礼郑公祠、郑氏公祠、振威将军庙、尚书第、建威第。

（供稿：三水区地方志办；复核：佛山市地方志办）

古村活化后的大旗头村（陈文诚摄）

雅韶十八座·阳江市阳东区

雅韶镇西元村

◎ 雅韶十八座（阳东区地方志办供图）

◎ 镬耳相语（阳东区地方志办供图）

▎"非"字屋巷 ▎

雅韶十八座始建于清乾隆二十二年（1757年），至今已有260多年历史。

这十八座带有镬耳的古建筑群是由该村的大富翁谭谓兴建，虽经岁月沧桑，但雕梁画栋依稀可见，龙凤朝阳的浮雕精彩依旧。

村落主体布局如同两个并排躺倒的"非"字，十分规整；巷道两边，两排房屋门户东西相向，每座房间格局完全一致。

▎"耳"语传情 ▎

每座房屋的山墙顶上，都有高高耸起像镬耳一样的圆拱形墙体，经历岁月冲刷，部分镬耳已不复存在。在剩下的墙体上，还可看到几处生动逼真的龙凤朝阳浮雕。

◎ 灰雕（阳东区地方志办供图）

六巷六照壁

谭谓的后代子孙先后增建了18座房屋，加上最初的18座，西元村总共有36座古屋。古屋坐北向南，中间一条东西向的大马路（称围堂）将36座屋分隔为南北两大部分，各18座，各有6幅照壁（又称照镜），各有6条南北向的直巷，将18座屋分为6个单元，每单元3座大屋。

链接

西元村位于阳江市阳东区雅韶镇西南部，世称"十八座"，又名"镬耳屋"。村落依山就势，高低错落，布局合理，结构严谨，颇具特色。2012年9月，该村被广东省民间文艺家协会认定为第三批广东省古村落；2013年8月，被住房和城乡建设部、文化部、财政部联合认定为第二批中国传统村落。

◎ 西元村村貌（阳东区地方志办供图）

（供稿、复核：阳东区地方志办）

汶塘镬耳屋·肇庆市封开县

南丰镇汶塘村

◎ 镬耳屋群（封开县地方志办供图）

| 独占鳌头 |

汶塘村的镬耳屋，是岭南传统民居的典型代表，因屋的两边墙上筑有两个像镬耳一样的封火山墙而得名。

从正面看两边高耸的墙体呈镬耳形，从侧面看就像一个"凸"字，屋两边的镬耳从檐口至顶端用两排瓦筒压顶并用灰塑封固。处理收口的工艺，是整座建筑工程难度最高、造价最贵的地方。镬耳形似官帽两耳，有"独占鳌头"之意，旧时唯有取得功名的乡绅方能使用，也是家境殷实的象征。

| 三间两廊 |

镬耳屋的内部格局是典型的三间两廊。"三间"指的是排成一列的三间房屋，中间为厅堂，两侧为居室。三间房屋前为天井，天井两侧的房屋即为廊。"两廊"一般用作厨房或门房。这种廊檐相间的布局，能营造出虚实结合的意境，空间开放而实用。

◎ 镬耳屋内景（封开县地方志办供图）

载形载道

镬耳屋的石木结构、硬山顶封火墙、空间布局等建筑元素和形态充分体现了我国古代传统文化和岭南建筑风格，反映了崇文重教、和谐共生的儒家思想。村内的士佳书室是镬耳屋的代表，共有三进，形成合院式建筑。大门、前厅、后厅之间有天井间隔，天井两侧有廊庑；硬山顶配镬耳式封火山墙，山门正脊刻有"文章华国"字样。

士佳书室（封开县地方志办供图）

镬耳屋顶（谢京中摄）

链接

汶塘古村位于肇庆市封开县南丰镇，总面积2平方千米。村中的13座古建筑，始建于明天启三年（1623年），重修于清乾隆十年（1745年）。

汶塘村村貌（封开县地方志办供图）

（供稿、复核：封开县地方志办）

上岳镬耳楼群·清远市佛冈县

龙山镇上岳古村

◎上岳秋韵（林红途摄）

上岳镬耳楼群

上岳镬耳楼群始建于明代，至清中期形成现规模，纵横交错，布局号称"十八里"，结构严密规整，是古村的精华。十八里东南西北四面各建有一个岳楼，岳楼之间围墙相连，五家一邻，五邻一里，每个里呈方形，每里门楼两旁为单间民居（当地称围水屋），里与里之间既独立又相通。现存传统民居37栋108座，占地面积1.3万多平方米，其中镬耳楼有13栋，其镬耳楼数量之多、规模之大，在广东省内罕见。其中比较出名的镬耳楼是归仁里的四美楼（民间也称"银库"）。

镬耳楼的特色建筑是镬耳墙，镬耳墙也叫鳌背墙，清一色青砖砌的屋宇山墙高出屋顶，上面呈半圆流线型飞檐滴水，构成起伏有致的天际轮廓线，形似镬耳，墙檐多描有灰底白画的卷草图案，部分还有立体的灰塑图案。从高处俯瞰，弯拱的镬耳楼接连不断，错落有致，气势壮观。规模宏大的镬耳楼群与十八里布局，构成上岳古村瑰丽的画卷。

五龙过脊

五龙过脊是镬耳楼民居的一种特殊建筑形式，位于上岳古村厚元里，前后五座镬耳楼紧密相接，坐东北向西南，每座屋有两个镬耳，从房屋一边望去，屋顶上的5个镬耳犹如五条巨龙首尾相接，故称"五龙过脊"。五龙过脊与其他镬耳楼的不同之处，就是每座民居多一房一廊，共有三廊、一天井、一厅、三房，而且房门只通廊，不通厅。其中廊用作厨房和堆放杂物，天井用作排水和取光，厅为用餐及议事之所。每座楼面阔11.7米，进深9.2米。五龙过脊

（五座镬耳楼）面阔11.7米，总进深46.43米。五座镬耳楼均为砖木结构，青砖墙，龙船脊，硬山顶，盖灰瓦，方砖铺地，屋檐有精美的灰塑草尾图案，是村内保存较好的特色镬耳楼。

五龙过阶

五龙过阶也是镬耳楼民居的特殊建筑形式。五龙过阶为清代建筑，位于上岳古村归仁里内，共有一列三座，是上岳古村内保存较好的特色镬耳楼。其特别之处是每座民居的前面一列共有5个开间：归头、厨房、天井、厨房、归头。因5个开间紧密相连，且门阶成一条直线相通，故称"五龙过阶"。每座五龙过阶建筑面积216平方米，高5—7米。屋顶盖小青瓦，龙船脊，清水墙，建筑构造为穿斗式，为典型广府民居风格。五龙过阶的主要作用是防御盗匪，因客房在外、主房在内且只能从正厅进入，而盗匪进入正厅需经过三道门，所以防御较为严密。

链接

上岳古村又称上岳古围村、上岳古民居，位于清远市佛冈县龙山镇上岳行政村北部，始建于宋末元初，至今有700多年历史，总面积17万平方米。2016年，总人口约5800人。村民主要有朱姓，为南宋著名理学家朱熹后裔。2010年上岳村被评为中国历史文化名村。

五龙过脊（宋抗壹摄）

五龙过阶（佛冈县史志办供图）

五龙过阶民居的内部结构（朱家佑摄）

（供稿、复核：佛冈县史志办）

莫屋镬耳屋·清远市阳山县

七拱镇七拱村

莫屋大门（李学森摄）

| 莫屋镬耳屋群 |

　　莫屋建筑群由莫作凡父子始建于清乾隆二十五年（1760年），占地面积约5191平方米，面阔71.8米，进深72.3米，坐北向南，高低错落，大体呈长方形，由16栋四路南北纵向屋宇、3栋三层的大楼和四周围墙构成。莫屋镬耳屋具有鲜明的岭南建筑风格，现保护良好。

莫屋建筑群（许明辉摄）

| 镬耳形山墙 |

　　进入村落中，只见屋宇井然，小巷幽深，别有洞天。屋宇的山墙为岭南特色的镬耳形，虽历经风雨冲刷，依然保存完好。坚固的围墙透迤村寨四周，高6米多，厚40多厘米。

镬耳形山墙（许明辉摄）

雕梁画栋（许明辉摄）

雕梁画栋两代人

大屋分为上屋和下屋。下屋为莫作凡所建，屋内地面铺一式青砖，屋外巷道砌青石。上屋为莫作凡之子莫如龙所建，巷道全用麻石铺砌。上下屋的设计和布局完全相同，所有屋墙都是青砖到顶，而屋顶则全部用琉璃瓦铺盖。屋内雕梁画栋，木雕精致。

链接

七拱镇位于清远市阳山县南部，东与杜步镇相连，南与太平镇、清新石潭镇相接，西与连南寨岗镇、怀集新岗林场交界，北与阳城镇毗邻。古称犀牛塘，因清道光七年（1827年）修建了七拱桥而改名七拱。七拱镇四面环山，地势西南高、东北低。

（供稿、复核：阳山县地方志办）

七拱镇镇貌（许明辉摄）

元勋旧址·深圳市罗湖区

笋岗街道笋岗村

◎ 笋岗村村貌（罗湖区地方志编纂委员会办公室供图）

寨堡式村围

元勋旧址，位于笋岗村老围内，又称笋岗老围，是笋岗何氏为纪念其祖先岭南名贤何真而建。相传，元末何真避难于此，筑寨安居，后以笋岗为大本营，收复岭南。其四世孙何云霖维修此寨时，刻石"元勋旧址"于寨门。村寨呈长方形，东西长68米，南北宽63.5米，占地面积4318平方米。前有门楼、中心巷，后有龙母宫（20世纪70年代损毁），外围有护寨河（20世纪70年代损毁）。四角有两层的角楼，角楼间以围墙连接，围墙由青砖砌成，高5米，宽2米。围内有3条纵巷、6条横巷、140多间民居和3眼水井（现仅存一眼）。后部建有何氏宗祠，东侧有天后宫。南面大门外墙用红砂岩砌成。该建筑群是深圳市区保存较完整的古代寨堡式村围。

◎ 元勋旧址寨门（罗湖区地方志编纂委员会办公室供图）

◎ 元勋旧址内的小巷（罗湖区地方志编纂委员会办公室供图）

空楼行动

1988年7月，元勋旧址被深圳市人民政府公布为市级文物保护单位；2002年7月，被广东省人民政府公布为省级文物保护单位。为保护好这座古村寨，2005年，罗湖区委、区政府对元勋旧址开展了"空楼行动"，迁出了所有住户，并派专人维护，保护了文物的安全和居民的人身安全。

链接

笋岗村，位于深圳市罗湖区笋岗街道东部。始建于元末，相传，何氏先祖何真逃难至此立基建村，繁衍生息。因村后山岗有片竹林，雨后春笋破土而出，何氏先祖有感而发取名笋岗村，希望子孙后代像竹笋一样越发越多。

（供稿、复核：罗湖区地方志编纂委员会办公室）

鹤湖新居·深圳市龙岗区

龙岗街道罗瑞合村

鹤湖新居外景（唐永国摄）

十阁走马楼

鹤湖新居始建于清乾隆四十四年（1779年），内围落成于清嘉庆二十二年（1817年），前后经历了三代人数十年。新居占地面积24819平方米，建筑面积14530平方米。该围屋坐西南朝东北，由内外两围组成，中轴线对称，是一座三堂、二横、内外二围、八角楼、二望楼的建筑，号称"九厅十八井、十阁走马楼"。依山面水，地势前低后高，寓意"步步高升"。内外两围环套而成，内方形，外梯形，各有四角楼（望楼），中心为三堂两横，前有禾坪与月池。

客家民俗博物馆

鹤湖新居集生产、生活、防御等多种功能于一体，内有300多间居室，最多的时候容纳了1000余人。新居现保存较好，无人居住。鹤湖新居禾坪一侧竖立四块旗杆石，均为麻石材质，高1.5米，宽30厘米，厚12厘米，保存现状较好。鹤湖新居集中了闽粤赣客家围屋的精华，是深港地区城堡式围楼的典型代表。1996年12月被

鹤湖新居祠堂（龙岗区史志办供图）

鹤湖新居巷道（唐永国摄）

龙岗镇政府辟为客家民俗博物馆。2002年7月17日，被广东省人民政府公布为省级文物保护单位。

链接

罗瑞合村位于深圳市龙岗区龙岗街道北部。村民主要为罗姓，清乾隆二十三年（1758年）从广东兴宁墩上围迁移至归善县龙岗约堡马福头，后从归善县龙岗约堡马福头迁移至此地。清乾隆四十四年，罗氏祖先罗瑞凤在这里兴建家族围屋鹤湖新居。2015年末，户籍人口196人。

龙岗十景——鹤湖新居（龙岗区史志办供图）

鹤湖新居大夫第（龙岗区史志办供图）

（供稿：张雯；复核：谭智仁）

大万世居·深圳市坪山区

马峦街道大万村

大万世居正面（坪山区史志办供图）

曾氏族居

大万世居建于清乾隆年间，为古堡式客家围龙屋，规模宏大，占地面积1.5万平方米，共有房屋400余间，是全国最大的方形客家围屋之一。围屋平面呈"回"字形，屋顶为硬山式、上覆小青瓦，主体建筑为土木混合结构。四角建有炮楼，正面有大六楼，均以高高的围墙相连，围墙上有走马廊相通。围龙屋大门向南，门楼上塑有"大万世居"四个大字。大门前为禾坪，坪前有月形池塘，坪侧仍保留有旗杆石。

大万世居门上飞檐高挑，门额浮雕的各式人物、飞禽花卉栩栩如生。围屋有内、外两重围墙，外墙俗称大墙，用泥沙、石灰和大石砌筑而成，内外墙四角都有三层高的楼阁。围屋南北两

大万世居俯瞰（坪环社区工作站供图）

头是开阔的大天街，前面是正方形广场，叫牌楼下，可容数百人观看舞狮、比武或戏剧表演。当年宴设几十席的大盆菜宴就在此举行，重大集会也在这里召开。穿过牌楼进入宗祠，灰塑的"端义公祠"四个大字十分醒目，这是围屋的核心地带，曾姓家族先祖牌位设在正前方，祠堂格局为三进二天井二厢廊，三进分上、中、下厅，中厅是当年曾氏族长和元老们开会议事的地方。

魁星点斗，雕梁画栋

祠堂后隔一天街设魁星楼，这是围屋的最高点，称为"魁星点斗"。整座围屋形成"八阁走马楼、九厅十八井"的格局，天街布局为纵六横三，间有小巷，纵横交错，井井有条，街巷地面全用灰沙或鹅卵石铺砌。各天井有地沟，与天街排水沟相通，排水沟有涵管，与围屋外的半月形大池塘相通，池塘有出水闸，排水极为方便。整个围屋布局科学合理。大万世居除布局造型独特之外，尚存许多珍贵民俗遗物。祠堂内外雕梁画栋，堂壁堂梁的书法绘画、工艺运笔极为精湛。中堂壁上隐约可见王勃《滕王阁序》、孟浩然《春晓》、王之涣《登鹳雀楼》、金昌绪《春怨》的草书遗迹以及栩栩如生的《八仙》组画。

大万世居巷道（坪山区史志办供图）

大万祭祖（坪山区史志办供图）

链接

坪环社区位于深圳市坪山区马峦街道，面积9.758平方千米，横坪公路贯穿全社区。社区居委会驻地东纵路317号。社区下辖牛角龙、黄沙坑、大万、老围、曾屋、禾场头、禾学、中兴均田8个居民小组和南北区统建楼、万顺苑两个居住小区，全部都引进了物业管理。

（供稿：大万居民小组；复核：坪环社区工作站）

龙田世居·深圳市坪山区

龙田街道田段心村

△ 龙田世居（坪山区史志办供图）

三堂两横

龙田世居是由外围横屋围合而成的三堂两横式方形围屋，有别于深圳坑梓黄氏其他风格的围屋。外围角楼高四层，其余部分高三层，中部房屋均有阁楼。堂屋进深大，上堂五架梁，木雕精致。

龙田世居东西各有辅楼，后为半圆形高墙，前部月池向后延伸与高墙连接。有精美牌坊和镬耳墙，四层角楼和龙厅彰显建筑的威严风格。外围与中部堂屋之间天井尺度较大，分上下天街。外围居住用房各成独立单元并连排布置，面阔65米，进深73米，占地面积4745平方米。整栋围屋装饰精美，保存完好。在龙田世居旁，曾有始建于清朝的见田书室，供该村子弟就读，中华人民共和国成立后被毁。屋外的月池被扩大拉长，形成弯曲的"护城河"，护卫整个建筑的前半部，后半部有高约4米的城墙。在围屋右侧的护城河上有石桥，桥上建有门楼，由华侨于清光绪十年（1884年）修建。

匾额传世

龙田世居正门上方镶有"龙田世居"匾额,题于清道光十七年(1837年)。门楣"留耕""树德",旨在训导后世族人。龙田世居有门联"龙门得意登春榜;凤诏新颁建立田",寓含龙田世居名字的由来。据《坑梓黄氏族谱》记载,龙田世居创建者黄奇纬,为捐国学士,赠儒林郎,诰赠州同知加二级。

◎下天街(坪山区史志办供图)

链接

龙田社区位于深圳市坪山区龙田街道东北部。东与惠阳区秋长镇一河之隔,南至深汕公路,西、北与龙岗区坪地街道毗邻。距惠州南站14千米,距盐田港26千米,距深圳市区40多千米,离广州市区125千米。面积9.2平方千米。辖田段心、石陂头、大水湾、牛背、牛湖、吓田、龙湖、大窝、新屋、大塘、下陂11个居民小组。

龙田世居门楼(坪山区史志办供图)

(供稿:龙田社区工作站;复核:龙田街道办)

兴龙屋·河源市和平县

热水镇北联村

○ 兴龙屋（郭建标摄）

兴龙屋渊源

据当地民间传说，明朝大儒王阳明在河源平贼剿寇之余，曾带人马到李田仙岩探险。明正德十三年（1518年），王阳明游浰头李田仙岩，路经北联河西打铁寮路段，赞叹此地有双龙托财丁。此后，黄、卢姓人迁此定居。到清初，王师三建起围龙屋，起名兴龙屋。

方圆之屋

兴隆村的东北和正东角，建有外圆内方的房间，它的内墙和天井为方形，外围墙为圆形。围屋中有的柱基上圆下方，与圆形外墙和方形内墙相匹配。方中有圆、圆中有方，这方与圆的结合，构成了对立的统一，形成了独特的整体。

○ 围龙屋内巷道（郭建标摄）

○ 围龙屋内景（和平县地方志办供图）

○ 兴隆村民俗活动（和平县地方志办供图）

| 链接 |

　　兴隆村为河源市和平县热水镇北联行政村下辖自然村。2005年，北联村利用邻近热龙温泉度假村的优势，开发了兴隆民俗文化村。兴隆古村位于热水镇东北部，距离镇政府约1.5千米。该村始建于明万历四十四年（1616年），因王姓族人迁此定居而形成。曾用名兴龙村，别名火烧镇。该村地处九连山脉东麓，浰江河畔，北有铁心嶂，海拔1000米。

（供稿、复核：和平县地方志办）

北联村村貌（热水镇政府供图）

老围屋·河源市连平县

元善镇老围屋村

老围屋全景（连平县政协文史委供图）

明末老屋

老围屋，始建于明朝末年，坐东北朝西南，为三进二重围屋。总面阔79米，总进深53米，占地面积4187平方米。悬山顶，砖木结构。有四个凸出屋角。中路厅堂进深三间，外围屋高二层约6米，毛石墙础，石灰、沙、石、黄泥夯筑。中厅举架为抬梁与穿斗混合式，共九架。中厅前檐竖两根圆形石础木檐柱支承前檐梁架，有龙头、花草雀替，有屏门。上厅前檐竖两根圆形石础木檐柱支承前檐梁架，并与侧廊梁架相连。屋前有地坪和池塘。为连平现存规模较大的围屋，对研究客家民居有一定的价值。

钦点额匾

老围屋大门为凹肚式，木门框。门额悬挂"钦点翰林院"阳刻楷书雕花木匾，匾额左右有题落款，右上题款为"清道光十六年丙申恩科"，左下落款为"庶吉士臣江绍仪恭承"。中厅屏门额悬挂"钦点知县"阳刻楷书雕花竖匾，两边有题落款，右上题款为"光绪辛巳年制科"，左下落款为"臣江有灿恭承"。

老围新彩——何新屋

除该村外，连平县大湖镇的何新屋亦是河源市围屋的代表性建筑，位于老围屋村以东50千米处，距今近300年，属客家半圆形大围龙屋。2018年，在围屋内发现了一箱与何氏先祖何望成有关的清代契约,是华南地区契约考古的新发现,有非常高的价值,被列入2018年南粤古驿道新增15处重大发现。

| 链接 |

老围屋村,位于河源市连平县元善镇北部,距镇政府8千米。世居村民主要为江姓。2015年末,户籍人口519人。村民主要收入来源为农业生产、经商、外出打工。村民均为汉族,客家民系,使用客家方言。

"钦点知县"挂匾(连平县地方志办供图)

"钦点翰林院"挂匾(连平县地方志办供图)

老围屋村一角(大湖镇文化站供图)

(供稿、复核:连平县地方志办)

南华又庐·梅州市梅县区

南口镇侨乡村

○ 俯瞰"十厅九井"（南口镇党政办供图）

又庐屋中屋

南华又庐由印尼侨领潘祥初兴建于清光绪十二年（1886年），是梅州地区最大的客家民居之一，也是客家地区保存最完好的古民居之一，2002年被公布为广东省文物保护单位。南华又庐属于典型的客家围屋结构，屋内分上、中、下堂，二楼共八堂，左右两侧各四堂。大屋左右两侧由八座楼房组成，亭台楼阁俱全，雕龙画凤，美观幽雅，八座楼自有门户，又可互通；屋背辟有果园，种植有各种岭南佳果；右边设花园，有莲花石山、奇花异草。该庐共有164间房，枕屋46间，大小厅堂几十个，所以称"十厅九井（天井）"。屋内各堂既可独立又可连体，有屋中屋之称。

○ 南华又庐前门（南口镇党政办供图）

南华又庐雕花围墙（南口镇党政办供图）

硬山顶合大幅水山墙

该庐外观宏伟，侧立面山墙为大幅水式（岭南民间建筑的传统五行山墙样式之一）。山墙夯土筑，屋顶铺灰瓦，二层土木混合结构。坐西北向东南，采用中轴对称的平面布局。由门坪、外围墙、堂屋、后庭院、横向枕屋、周匝弧形后花园组成。卷棚式门楼，门额署"南华又庐"。中轴线上设门坪、上堂、中堂、下堂。堂屋中的屏风、门窗皆饰以木雕、彩绘，富丽堂皇。

硬山顶合大幅山水墙（南口镇党政办供图）

链接

侨乡村位于梅县区南口镇，是有500多年历史的古村落，著名的华侨之乡。村中有30多座美轮美奂、建筑风格多样、各具特色的百年客家围屋。

南华又庐前门外景（南口镇党政办供图）

（供稿、复核：黎志康）

侨乡村村貌（南口镇党政办供图）

东升围围屋群·梅州市兴宁市

宁新街道九厅十八井村

东升围围屋（客家围龙屋编辑部供图）

顺势为群

东升围围屋群是兴宁建设年代最早的围龙屋，已有700多年历史。村落由罗洪德第十八子罗小九于南宋末年落基。最先建的是东升围，后人丁繁聚，续建有新东升围、佑顺屋、泗顺老屋、泗顺新屋、老广成、光利屋、榆树下屋等围龙屋，形成围屋群。

九厅十八井

东升围占地12000平方米，屋内有9个厅，18个天井，190多个房间，当地称之为"九厅十八井"。整座屋宇主体结构呈半圆形，前有禾坪、矮墙、半月形池塘，东侧有出入斗门，是一座典型的围龙屋。大门外有2根圆石柱支撑檐梁，有2个石鼓、2个石凳。上、中、下厅较为宽阔，堂通面阔相等。堂屋后有半月形铺河卵石的斜坡化胎，客家所指的化胎其原意为孕育万物以及承受天地之气之地，亦是客家传统家宅最重要的区域，而在民俗上也象征安稳。厅内栋梁雕龙画凤，雕花屏风，显得古朴典雅。

"文魁"匾（欧阳文城摄）

祖屋升灯仪式（罗志敏摄）

三堂二横带一围

东升围核心三堂屋部分共有47间房，是核心中的核心。后增加两座横屋，但无围龙，将第二座横屋贴紧第一横屋而建，南端部分相互交错，北端做成第一围龙，增加房间49间，形成了三堂二横带一围的围龙屋。横屋向前伸出，将禾坪合抱起来，坪外设半圆形大池塘，形成完整的下山虎式围龙屋。

新东升围后墙与横屋后墙齐，而前墙却与第一横屋的后墙齐；但在另一侧，则完全不同，围龙屋的前墙与第二横屋的前墙齐，围龙后墙则远远地延伸到第二横屋的后墙之外，呈现出奇特的不规则形，左侧的第二围屋如同跛脚，只有8间。至于后扩充的围龙屋就更不成系统了。这种矛盾状态使得8座围龙屋既矛盾又统一地存在于仅250米×250米的区域内。

链接

九厅十八井村，位于梅州市兴宁市宁新街道西北部，距街道办事处约1千米。该村始建于南宋末年，罗小九由贡生任广东循州（今龙川县）学正，任满返家途经兴宁，见该地山水秀美，沃野丰裕，遂在县城东郊筑室落业。为纪念其父罗洪德九妻十八子之盛，而取名九厅十八井，别名东升围。

俯瞰东升围围屋群（欧阳文城摄）

（供稿、复核：兴宁市地方志办）

善述围·梅州市兴宁市

罗岗镇柿子坪村

◎ 鸟瞰善述围（陈作新摄）

四堂四横四角楼

善述围是座方方正正、左右对称的四角楼，是兴宁十大古民居之一，2012年10月被公布为广东省文物保护单位。其由罗岗袁氏十八世祖袁述初始建于清光绪十年（1884年），历时13年，于清光绪二十三年（1897年）竣工。善述围坐西北朝东南，房屋二层，正面有两个斗门，有禾坪、低矮的照墙和池塘。为四堂四横四角楼围屋，有20厅、25个天井、354间房。大堂两侧横屋设花厅6间，花厅（客厅）宽敞，有照壁、假山、天井，外横屋设南北厅6间。

◎ 善述围厅堂（陈作新摄）

善述围四个有两层房屋高的角楼分布在房屋最外边的四个角落（"四角楼"因而得名）。四角外墙从脚到顶都用沙、石、石灰就地压筑为墙，门窗框架、柱、阶等都用花岗岩雕刻而成。大门用木质坚硬的檀木制作，据说两扇门板重达一吨，对冷兵器有极强的防御效果。

楹联匾额

善述围的通风采光良好，光线全靠5个大小门和25个天井来调节。屋檐瓦椽、琼台楼角处处雕龙画凤。鱼池卷草、石柱石础、楹联壁画等艺术品一应俱全。屋内梁柱墙壁雕刻有壁画、楹联、匾额、书法20多幅。"忠""孝""廉""节"4个大字悬挂在中厅墙上。

善述围有很多寓意隽永的楹联，如斗门联"仁风扬梓里；和气蔼蓬门"；斗门两侧对联"水含其和山挺其秀；雪庆我瑞风扬我仁"；正门石柱对联"青山不墨千秋画；绿水无弦万古琴"；大门屋名嵌字联"善名传瑞雪；述德望云初"；中厅楹联"壮行须幼学若经史若子集博古通今莫囿寻常器识；显亲扬名为将为相为师儒济时翼圣斯能光大门闾""居在廉泉让水廉兴以朝让型以国；人由义路礼义门陈以种礼修以耕"。

善述围题字（陈作新摄）

善述围木雕（陈作新摄）

链接

柿子坪村位于梅州市兴宁市罗岗镇北部，辖8个村民小组。全村总面积5.7平方千米，耕地面积639亩。主要经济作物有木茨、水果。

（供稿、复核：兴宁市地方志办）

善述围入口（陈作新摄）

丰泰堂·梅州市平远县

东石镇凉庭村

丰泰堂内景（林东摄）

屋内上方梁架（林东摄）

外圆内方丰泰堂

丰泰堂建于清嘉庆七年（1802年），坐北朝南，主屋为客家围龙屋，四堂八横三围龙，南北总长140米，东西宽93米，总占地面积13000平方米，主屋进深75.74米，面阔65.32米，共有11厅、213间房、20舍。

空中俯视，丰泰堂堂屋及横屋总体呈四方形，屋后围龙屋呈半圆形，与屋前半圆形池塘合成一个圆形，采用客家围龙屋"外圆内方，天地融通"之建筑风格，符合古人"天圆地方，阴阳和谐，天人合一"之理念。

丰泰堂屋前右侧有水井1口，直径1米余，水清且甘，仍能饮用。屋前池塘面积数亩，蓄水养鱼。大门廊宽而简，门框及廊沿以麻石打制，廊前立两根方石柱，抬梁承栋，柱面刻联"平山标秀色；曲水绕祥光"。

◎丰泰堂全貌（曾宪腾摄）

三井四堂，化胎其祥

房屋主体建有上堂、中上堂、中下堂、下堂共四堂，堂之间有三个天井相隔。下堂天井左右厢房的8个石刻窗中均镂空一字，左右构成对联"富贵奕世；发奋荣昌"，独具特色。堂屋后是化胎及围屋。化胎宽阔，呈半月形，其上铺鹅卵石。化胎之外有三层围屋，均以堂屋为中心，渐次向外散开，围屋间设天街通风透光。三围之间开有一条通道，贯穿三层围屋及天街，使围屋与主屋相通，构成外部封闭而内部通达之城堡式围龙大屋。

左右最外排横屋与主屋对峙而立，用作猪舍、柴草房、杂房，体现人畜分开、清洁卫生之功能区分。

屋内化胎（林东摄）

文英书院遗屋（林东摄）

文英书院遗屋

房屋主体西面有遗存的文英书院，屋前有残存的清咸丰八年（1858年）恩进士林桂云和清光绪三十年（1904年）例贡生林绍唐楣杆夹石，堂内墙上、柱上贴有不少传统楹联……无不显现丰泰堂浓厚的文化气息。

丰泰堂历经200多年风雨，至今仍然完整。2009年，平远县凉庭村因丰泰堂等风物遗存完好、独特而被认定为第二批广东省古村落。2012年，中央电视台四套中文国际频道《华人世界》栏目《客家足迹行》摄制组走进丰泰堂，拍摄老屋及民俗。

链接

凉庭村位于梅州市平远县东石镇东部尖山脚下，距镇政府约4千米。该村北接麻塘村，南与东汶村和汶水村相邻。东泗公路经过此地，村级公路已有4千米实现水泥硬底化，交通便利。

（供稿：林东；复核：平远县地方志办）

花萼楼·梅州市大埔县

大东镇联丰大坭田村

○ 花萼楼（大埔县地方志办供图）

▎ 天赐花萼楼 ▎

花萼楼，坐西北向东南，建于明万历三十六年（1608年），占地面积2300平方米，建筑面积2286平方米，为土木混合结构的圆形建筑。2002年7月，被公布为广东省文物保护单位。

▎ 三环百屋一天井 ▎

花萼楼高三层11.9米，内外3环连为一体，内环为一层30间房，二环为二层60间，外环为三层120间，共有210间房。楼的外墙基用大块石垒砌（高1米、厚2米），墙体用土夯实而成，底层宽2米，顶层宽1.3米，楼顶为木梁灰瓦。外墙一二层不设窗，三层才开窗，二三层开有内小外大呈三角形的射击孔用作防卫。楼内设30个小单元式套房，每个单元呈窄长的扇形，进入小门楼为前院，两侧用矮墙与相邻单元分隔。楼中间是283.4平方米的共用圆形天井，地面用大小不等的鹅卵石铺成，颇为美观典雅，中心装饰着一个直径3米的古钱币图案，体现着人们祈求丰衣足食的心愿。天井右侧有1口深18.6米的古水井，为防火和生活之用，水井口与连着的排水沟呈"9"字形，象征着长长久久、生生不息。整座楼只有一个大门供出入，大门框用厚而宽的花岗岩石板组成，大门板钉上坚厚的铁皮，这些门窗设施是为抵御外人侵扰而特意设计的。

广东现存最大土围楼

花萼楼风格独特，设计精巧，布局合理，功能齐全，便于防卫，显示了客家人追求圆满、团结、平均、平等的生活理念。花萼楼是目前广东土围楼中规模最大、设计精美、保存完整的民居古建筑。1992年以来，先后有中央电视台《神州百姓闹元宵》摄制组、广州电视台《客家人》摄制组和中央电视台、中国影视总公司《嫂娘》摄制组到该处拍摄反映客家风情等内容的影视节目。

◎ 花萼楼外景（大东镇政府供图）

链接

大坵田村位于梅州市大埔县大东镇东南部，距镇政府约9千米。该村始建于明万历十八年（1590年），世居村民为林姓。

◎ 大坵田村貌（大埔县地方志办供图）

（供稿、复核：大埔县地方志办）

花萼楼之晨（张钧良摄）

泰安楼·梅州市大埔县

湖寮镇龙岗村

◎ 泰安楼夜景（大埔县地方志办供图）

| 砖石木楼 |

泰安楼属砖石木结构建筑。据《蓝氏族谱》记载，泰安楼为蓝氏第二十世祖蓝少垣于清乾隆二十九年（1764年）所建。整体建筑坐东北向西南，是一座前方后圆的三层围楼，占地总面积为6684平方米，主楼占地面积2577平方米，两侧书斋占地面积2764平方米，门坪及花台占地面积1325平方米。门口有宽阔的门坪和水塘。楼高11米，分三层，第一层墙宽为0.92米，第三层墙宽0.44米，第一二层外墙为石墙，第三层外墙及内墙为砖墙。2002年7月被公布为广东省文物保护单位。

| 外楼内屋 |

泰安楼的大门非常独特，乍一看，眼前一座雄伟的门楼，细一看，这门楼原来是镶嵌在墙上的。据说，楼主做生意发家，因没有功名，按规矩不能建门楼，后来他灵机一动，就想出个绝妙的办法，做个假门楼。楼内中轴线主体建筑为平房，分上下二堂，上

◎ 泰安楼门楼（大埔县地方志办供图）

楼内屋（湖寮镇政府供图）

泰安楼内景（湖寮镇政府供图）

堂书"祖功宗德"，陈列蓝氏先祖牌位，并作为祭祀的祠堂。堂左右两侧设有厢房。楼内平房四周为天井，三层方形楼房把主体平房环抱在中间，形成楼中有屋、屋外有楼的格局。整座大楼只有一个大门供出入，门板镶上厚厚的铁皮，大门顶有蓄水池，供灭火之用。

2014年，泰安楼客家文化旅游产业园全面建成对外开放，一楼布置了客家发展史、客家人生产生活用具、客家服饰、节庆活动用具展区，详细地记载了千年来大埔客家人的发展、生产、生活情况；二楼为大埔古文物、楼主生平、客家名人风范、客家民居、名寺名址图片模型展区，客家珍奇风物资源展区，以及陶瓷文化、开国100位将军书画、大埔籍108位将军生平事迹、华侨事迹、名茶文化、客家美食文化等展区。整座建筑较为集中地展现了大埔客家人情风貌。

俭以成楼

主楼的两侧各有一座书斋，为族中子弟读书求学的场所。楼内右侧天井内有口水井，井水清澈可口，现仍可饮用。据说泰安楼的蓝姓祖公极为节俭，流传有兴建泰安楼时的有趣故事，楼主蓝少垣在该楼工程进行到第三层时，把办公地点搬到第二层的一间房里，规定凡来领工资的工人，都要手提两块砖到三楼后才能领工资。那时候的工资是每日清算，结果就这样节省了建第三层所用火砖的搬运费。原计划在楼右侧也建一个同样的方石楼，构成鸳鸯楼，后因楼主意外早亡，计划没有实现，留下现在的单片楼。

链接

龙岗村位于梅州市大埔县湖寮镇，有27个村民小组。2017年有814户，2338人；全村总面积8.68平方千米，耕地面积359亩。

（供稿、复核：大埔县地方志办）

瑥公祠·梅州市五华县

水寨镇坝美村

◎ 瑥公祠全貌（张荣华摄）

六横六围

瑥公祠是周家七世开基祖屋，始建于明朝初年，至今640余年，占地面积3.5万平方米，六横六围结构，是广东省内规模最大的客家古围龙屋之一。该古围龙屋是客家标准的大围龙，包括上七下九、上中下三栋大厅、左右各"六横六围"，现保存较完好的有"五横五围"，第六围略有损失。石柱梁架结构，悬山顶，灰沙夯土墙。

一姓四百屋

瑥公祠约有400间房屋，正屋上七下九有32间，正屋后面的花头顶有二层，每层有27间，每层房间中间分开成两个房间，一层有54

◎ 瑥公祠大门（吴耀东摄）

远观瑺公祠（吴耀东摄）

间房子，两层共108间。左侧青龙片保存尤其完整，第一层围龙有11间，第二层有12间，第三层有31间，第四层、第五层各有38间，第六层现存30间。右侧白虎片现存第一层、第二层各有11间，第三层有23间，第四层有25间，第五层有12间，第六层有4间。1976年，生产队请人为围龙屋防治白蚁，当时是以398间房子结账的。但几十年过去，有些房子已崩塌，现存共386间。

链接

坝美村位于梅州市五华县水寨镇西南方向1千米，与上坝园岭村、员瑾下村相邻。该村始建于明朝，因王瑺公从寨肚里六世王公祠迁移至此聚居繁衍而形成。坝美村现存有五座客家民居，其中，瑺公祠是梅州市现存最大的古民居。

坝美村村貌（张荣华摄）

（供稿：五华县地方志办；复核：何伟婷）

墩仔寨·汕尾市陆河县

水唇镇墩塘村

墩仔寨外景（陆河县地方志办供图）

"墩仔寨"由来

墩仔寨始建于清顺治十七年（1660年），属围龙屋建筑，沿山包而建，形似大龟。寨子内是民居，外观为椭圆形；外面是环寨跑马巷，外围是呈八卦布局的8个池塘。寨内有一条主街道，从东门至西门96米，两边有12条横巷，左右穿插，好似龟背纹。古寨建在1万多平方米的大石墩上，占地面积有5400平方米，为龟形围龙寨，取名墩仔寨。

寨内建筑

寨内建筑按龟背纹布局，内有1条长96米的主巷，连接东西2个出入大门；有横巷12条，左右穿插，东廊西室，共有房屋200多间。寨中间的房屋内保留有龟背石1块，东大门外有龟尾石1块。东大门为迎龙门，西大门额镌刻着"川岳钟英"石匾，东西两个门楼是二层阁楼建筑，门槛是自然石生成。东西门外有清嘉庆十一年（1806年）立的保护墩仔寨安全平稳的"禁碑"。

古井井口为四方形，深2.5米，井水从不干涸，也不会溢出，清澈见底，清甜可口，20世纪80年代可供700多人饮用。水井边是浑浊的池塘水，井水的水平面始终高于池塘水。如遇暴雨天气，池塘水上涨漫过井面，井水、塘水仍是泾渭分明，互不渗透。

墩仔寨水井（陆河县地方志办供图）

墩仔寨古典质朴、造型奇特、坚固实用、气势恢宏，是一座集防御性、科学性、艺术性于一体，风格独特的建筑。2012年被认定为第三批广东省古村落。同年12月入选"广东十大特色古村落（最具建筑特色）"。

链接

墩塘村，又称墩仔寨，位于汕尾市陆河县水唇镇，旧时属吉康都仑岭乡，建寨至今有350多年历史，为广东十大最具特色古村落之一，寨内建有典型的客家围龙古屋。

墩塘村一角（陆河县地方志办供图）

（供稿、复核：陆河县地方志办）

外翰第·湛江市遂溪县

岭北镇调丰村

◎ 外翰第外景（遂溪县地方志办供图）

围屋式大宅

外翰第始建于清乾隆四十二年（1777年），为三进院落式砖木混合结构硬山顶建筑，是一座规模宏大的四合围式宅院，也被称为"北京大屋"。在中轴线上有一进头门、二进中厅、三进大堂，左右横屋与天井合围，共计6个天井、36间房。

三进四合围式院落

一进明间大门额头题书"外翰第"；二进庭院宽敞，中厅明间敞开，前门顶部阳雕"龙章宠锡"，显示出主人曾受皇恩诰封；三进为闽式四合屋，四方屋面构成方斗形，汇聚雨水于明堂天井，寓意肥水不流外人田。左右横屋合抱，雷州人称"前后包帘"。如此建成四合大围屋宅院。

◎ 外翰第大门（遂溪县地方志办供图）

"外翰第"匾额（遂溪县地方志办供图）

五行纹封火墙

大围屋四周有多座分隔女儿墙，陶雕镂空花窗装饰，墙壁间有枪眼弹孔，走道相通，构成坚固的防御体系。大围屋四角还建有五行的火、木星形纹封火墙。一进门两边封火山墙为火星形纹，三进大堂两边封火山墙为木星形纹，寓意木火相生、世代同荣、枝繁叶茂。

链接

调丰村位于湛江市遂溪县岭北镇，是"三代四进士"故里，也是革命老区村和湛江市特色文化村。文物古迹有千年官道、宋代修建的程氏祖祠、明清时期的外翰第等。

调丰村村貌（遂溪县地方志办供图）

（供稿：岭北镇政府；复核：遂溪县地方志办）

月朗口村围屋·茂名市电白区

沙琅镇月朗口村

月朗古屋

月朗口村始建于清代，该村先祖最早从福建迁居广东茂名，于清嘉庆年间迁至电白沙琅定居，其中一支族人在月朗口村开村立户。朗山庄，又称月朗口古村落、月朗古屋，始建于清嘉庆十年（1805年）。古屋背山面水，群山环绕，错落有致，规模宏大，为"三踏六笔塔九拖廊"结构。屋内石门、石柱牢固耐用，正门和屋顶装饰有浮雕及花纹图案。有房屋数十间，建筑选料精良，雕梁画栋，手工精细，整体形象雄伟。

围屋正门（电白区党史地志办供图）

月朗口村围屋（电白区党史地志办供图）

○ 围屋瞭望窗（电白区党史地志办供图）

三踏六笔塔九拖廊

月朗古屋的格局为典型的"三踏六笔塔九拖廊"，即前后三进（三排），左右六塔（六排），共有九条廊道。中间主屋三进为大厅，厅大小为5.7米×7米；墙体由14厘米×28厘米×7厘米规格的磨平青砖砌成，桁木为直径30厘米的大杉木，桷片厚1.2厘米，过刨；檐高4.5米，每个檐口饰有隔水唇瓦；地面铺方砖。该建筑大部分保存良好，目前仍有人居住。

链接

月朗口村位于茂名市电白区沙琅镇。月朗古屋曾被联合国教科文组织顾问史蒂文斯·安德烈称为"世界独一无二的土生建筑——神话般的居民住宅"。

上中下三堂（茂名市地方志办供图）

（供稿：沙琅镇政府；复核：电白区党史地志办）

昆盛围屋·清远市阳山县

黎埠镇隔江村

昆盛围屋全貌（许明辉摄）

昆盛围屋

昆盛围屋始建于清乾隆末年，呈半月形，有七天井、三天街、三进、四横屋，正面七个门，占地面积近3000平方米。正屋有五个门，中间正门进去是门厅、天井、祖堂，是围屋中心。左右走廊通厢屋，最外侧的左右两侧横屋凸出于大门前，中有一长条形天井，右横屋凸出部为书房、学校。后半部分半圆与正屋之间有一个小圆弧形空坪，弧形上建筑分九组，一组三长间，左右端与中间是炮楼。炮楼的外侧突出于外墙，高三层。

昆盛围屋俯瞰（许明辉摄）

◎ 昆盛围屋侧门（李学森摄）

◎ 昆盛围屋外墙（李学森摄）

半月落田中

昆盛围屋是洞冠水流域最大型的古民居，也是阳山县现存最大的半月形客家围屋，设计精巧，工程巨大，工期跨越近一个半世纪，实属存世奇迹。

历史恒久远

由于年久失修，如今的昆盛围屋，灰沙夯筑的老墙剥落，墙内杂草丛生，残垣断壁，几成废墟，折射出沉重的历史质感。围屋构建了客家历史的空间舞台，高墙厚壁上的岁月残片，默默记录着客家文化的传承与历史轨迹。

链接

隔江村位于清远市阳山县黎埠镇，地处清连高速旁，距圩镇约1.2千米。已铺设水泥硬底化公路，交通便利，地势平坦。

（供稿：李学森；复核：阳山县史志办）

◎ 黎埠镇镇貌（许明辉摄）

道韵楼·潮州市饶平县

三饶镇南联主村

○ 道韵楼风光（肖建生摄）

发展历史

相传，明成化年间，道韵楼居民的祖辈计划择地建楼，先到道韵楼所在的地方勘察，觉得此地不错。不过出于慎重考虑，又转了几十千米察看其他几个地方，还是觉得不如此地好，又倒回来，叫作"倒运"。取名字时借"倒运"的谐音称"道韵楼"。道韵楼兴建于战争频发的年代，为了抵御外来入侵者，古楼的外围墙设射击孔、炮口，在楼的大门顶部设注水暗涵，可以防火烧门楼，可以防兵乱、防乡斗、防盗贼、防兽害、防干旱、防寒暑、防火灾水灾地震等，是一座固若金汤的古堡式村寨。

八角形土楼

道韵楼的八角造型模仿八卦的形状，楼中每一卦长39米，各有住房9间，卦与卦之间用巷道隔开，八卦共72间。楼间也仿三爻而设计成三进，一二进为平房，第三进连接外墙为三层半楼房，楼墙高11.5米，底层墙厚1.6米，由黄土夯筑而成，墙

○ 古楼生辉（余献民摄）

○道韵楼内景（刘小兵摄）

基仅垫二层青砖，固楣用竹钉，虽历经多次大地震却完好如初。楼中除了各家各户自用的水井外，又特意在楼中的阳埕左右挖2眼公用水井，象征太极两仪阴阳鱼之鱼眼。该楼与一般土楼不同，仿照诸葛八卦阵的生门入、休门出的设计，特地在大门一侧另开一休门，供族人出寨。

链接

　　三饶镇位于饶平县北部盆地中部，历史文化底蕴深厚，是全国文明镇、全国重点镇、广东省中心镇。三饶东连福建平和，西毗潮州、丰顺，南通三百门港，北接梅州大埔，闽粤公路干线穿镇而过，是梅潮两市的交通要冲，闽粤两省五县交界处的物资集散地和贸易中心，粤东著名古城。

○南联主村村貌（饶平县地方志办供图）

（供稿、复核：饶平县地方志办）

南盛里住宅群·汕头市澄海区

东里镇观一村

◎ 南盛里全貌（吴俊才摄）

▍五巷三埕一池 ▍

◎ 南盛里门楼（吴俊才摄）

南盛里住宅群，由新加坡华侨商人蓝金生于清光绪二十六年（1900年）投资兴建，1917年竣工。整座住宅占地面积约80亩，拥有大小房屋70座，671间，其中既有"四点金""驷马拖车"式的院宅，又有普通小型民居。整座住宅群以"五巷三埕一池"为网络。南向的每条巷口向外都对应一个码头，巷道宽度都在3米以上，其中间插三个大埕。建筑群疏密适度，内部的交通、排水、安全等系统配套完善。嵌瓷泥塑屋脊、木雕嵌瓷封檐十分精巧，雕花木门扇、窗饰、木梁架及木雕托脚、垂柱、柁墩、雀替等建筑构件工艺精美。南盛里四面环水，周边都是高丈余的栈房丛厝，外墙起到挡水墙的作用。所有巷口、闸门及排水沟口都设置防涝关闸，排泄通畅。

驷马拖车锡庆堂

住宅群里有蓝氏通祖祠，又名锡庆堂。该祠为"驷马拖车"建筑格局，中轴是一座三进的大厅堂，中间是锡庆堂，两边各有两座"四点金"形制的大夫第。每座"四点金"由相向的两座"一厅二房"构成。"上厅上房"与"下厅下房"之间隔着天井，天井左右两侧有廊屋与上下厅房联结，外侧再设火巷排屋。门楼按三门设计，中门匾额是"蓝氏通祖祠"，左、右门匾分别是"兰芳"和"桂馥"石刻。花巷门的门匾分别是"礼门"和"义路"石刻。门楼、大厅、拜亭的地面铺设高级进口釉面地砖。拜亭的屋顶为重檐歇山式。屋面飞檐翘首，泥塑嵌瓷；檐下设木雕垂花柱等构件。

◎ 南盛里内景（吴俊才摄）

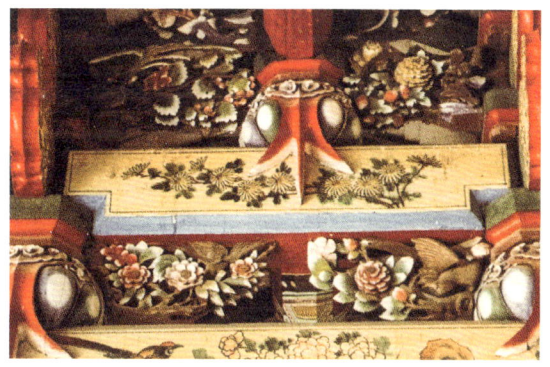
锡庆堂木刻（澄海区地方志办供图）

链接

观一村，位于汕头市澄海区东里镇东北部。村落始建于清乾隆五十二年（1787年）。村民主要有林、蓝、陈等姓。现存传统民居近百座，如秦牧故居等。村里还有新围天后宫、水仙古寺等传统建筑。

◎ 观一村村貌（澄海区地方志办供图）

（供稿：澄海区地方志办；复核：汕头市地方志办）

崇德里·潮州市饶平县

钱东镇钱塘村

○ 钱塘村村貌（饶平县地方志办供图）

九十九门崇德里

崇德里始建于1933年，为私家宅第。宅第设计有99个互通的门，俗名"99个门"，有前埕及龙虎门，坐北向南，二进四从厝带后包。"99个门"通面阔及进深都是44米，面积1936平方米。硬山顶，灰瓦，木雕、石雕和泥塑装饰精美。虎门门额为"江夏世家"、龙门门额为"源远流长"，前门门额为"美祖家塾"，大门两侧墙壁有治家格言石刻，教诲子孙勤俭惜物，不能因富而奢。

○ 崇德里俯瞰（余永东摄）

◎ 崇德里建筑中的雨漏构件

精雕细琢夺天工

从高处俯视，崇德里整体建筑格局就像一驾由四匹马拉着的车子，是潮汕地区典型的"驷马拖车"式建筑。

在美祖家塾里，历经风雨的门栏、木雕、石雕等呈现出一派古色古香的韵味。门楣上面的灰塑，不少题材带有西洋风格。其中，墙头雨漏构件工艺还掺入了泰国文化，使用绵绸纸、麻丝和石灰黏糊连接，结实耐用又秀丽美观。当年崇德里的后包有1个"扣龟亭"，亭中的木雕山水、人物栩栩如生，今亭子已塌，风光不再。崇德里建筑结构保存完好，建筑艺术本色传承，是潮汕建筑文化的集成。

链接

钱塘村，位于潮州市饶平县钱东镇西部，始建于宋末，至今有700多年历史，总面积3平方千米。村民主要有林姓、黄姓。该村历史文化底蕴深厚，古建筑保存完好。其中崇德里被列入县级不可移动文物名录，宋桥被公布为县级文物保护单位。2016年、2017年成功承办两届"南粤古驿道定向大赛"。先后荣获"广东省卫生村""广东省生态文明村"称号。

（供稿、复核：饶平县地方志办）

郭氏大楼·揭阳市揭西县

棉湖镇南门社区

◎ 郭氏大楼正门（李维照摄）

郭氏大楼

郭氏大楼，位于林景拔翰林府左侧、永昌古庙右侧，与兴道书院等形成了一个古建筑群。郭氏大楼依山傍水，临湖而立，巍峨恢宏而优雅大方。整座楼中轴对称，主宾分明，错落有致，蔚为大观，素有"潮汕民居古建筑之最"的美誉。

郭氏大楼兴建于清雍正至乾隆初年，前后历时14年，至今已有近300年历史，占地面积5460平方米，硬山顶建筑为主体。五落院堂，四条花巷；后有琼楼，层台耸翠，飞阁流丹。后楼后方还有后院，两个后门对称，自成一个整体。整座建筑共99间房，为潮汕地区典型的"驷马拖车、百鸟朝凤"格局。

◎ 郭氏大楼全景（李维照摄）

郭氏大楼的墙壁以贝灰三合土（据说和以少许红糖）夯成，坚固美观实用。正座后楼正厅有清代长乐（今五华）人、翰林院检讨、四川保宁府知府邱玖华"去天尺五"题匾。楼上正厅有一"圣旨牌"，楼下大门正中有邱氏"带湖书斋"题匾及"四五月间无暑气；二三更后有书声"题联。后楼墙厚达0.75米。斗拱雕饰有"果蔬清供图"等，刀法简洁有力，体现了精美的潮汕木雕风格。

雕饰（李维照摄）

井底陋室

后院右门楼侧有口古井中藏着一屋，称之为"井底陋室"。据说是清初富商郭来建造大楼时想凑个"百鸟朝凤"的意头，补足100间，亦便于藏身避难或储存物资，故建此屋。

链接

南门社区位于揭阳市揭西县棉湖镇老镇区南端，东邻方围社区，西、北邻米街社区，南邻云湖社区。总面积约5万平方米。2018年，社区总户数895户，总人口3974人。拥有省级文物保护单位郭氏大夫第、兴道书院，县级文物保护单位永昌古庙、云湖庵等文物古迹。

郭氏大楼正座（李维照摄）

（供稿、复核：揭西县史志办）

大围村古宅·韶关市仁化县

周田镇大围村

◎ 大围村村貌（仁化县史志办供图）

建筑起源

大围村始建于明嘉靖年间，北宋礼部尚书黄峭山第十七子黄井后裔黄孟贤在此开基创业而形成。明崇祯十七年（1644年），为抵御盗贼，黄见盖应村民要求，组织村民围绕村子筑圆形围墙。后因病疫流行而中途停工，灾后继续建设，历时8年，于清顺治九年（1652年）建成。清乾隆十七年（1752年）重修，用了3年时间对缺塌损坏的墙体进行修补、加固、完善。因围墙环村而建，村名就由翰亨围改为大围村。

◎ 大围村祠堂一角（仁化县史志办供图）

千围十三巷

大围村是一个面积87000平方米、有着186户1000多名黄姓村民的古村。石围墙周长1625米，高7米左右。围墙内共有分布于13排巷道两边的100多座古民居，青砖泥砖砌筑，青瓦，翘角屋檐，围绕着黄氏宗祠向四周延展。房宅古朴典雅，均坐南朝北。

四门而无西

大围村有四个石头围门，其中有两个东门，南、北各一门，不设西门。东边两个门额上分别书"万古雄观""瑞应蛟龙"；南门又叫"杜屋门"，上书"悠远博厚"四字；北门额书"仁义风度"四字，其上有"云台"二字。

2016年2月，大围村被广东省文学艺术界联合会、广东省民间文艺家协会认定为第五批广东省古村落。

链接

大围村，又名翰亨村，位于韶关市仁化县周田镇东南部灵溪河上游，始建于明嘉靖年间，至今已有400多年历史。大围村的地理环境得天独厚，周围群山耸翠，溪水环绕，附近有丹霞山和灵溪河国家森林公园。该村一直以来人丁兴旺，人才辈出，是远近闻名的长寿村。

"万古雄观"门（仁化县史志办供图）

"瑞应蛟龙"门（仁化县史志办供图）

"悠远博厚"门（仁化县史志办供图）

（供稿：谢嘉文；复核：仁化县史志办）

五宅第古民居·惠州市龙门县

龙华镇功武村

◎ 五宅第古民居俯瞰（廖晓红 摄）

五宅进士第

据《龙门县志》记载，五宅第由该村廖氏第四世廖兰窗之五子廖云谷（明代秀才）开居，故取此名。清顺治十八年（1661年），该村第十世廖观高中三甲第184名进士，为五宅第增添了光彩。清康熙六年（1667年），又大兴土木重修五宅第，故五宅第又称进士第，俗称官厅。

五宅第坐北向南，占地面积约9200平方米，前有半月形池塘，四周建有角楼、围墙。围墙前低后高，墙体设墩。以官厅、碉楼为中轴线，东西两侧建有民居住宅。

传世蕃畲堂

五宅第沿中轴线分布有五进五开间，通面阔23.6米，通进深56米，头进面阔五开间，红砂岩石墙基，水磨青砖墙面，人字封火山墙，屋顶狮子、博古图案作饰，屋檐下墙壁置砖雕、灰塑。左右为廊，通二进，中间为天井。二进名曰"蕃畲堂"，寓意筚路蓝缕，勤学持家。堂前有四根檐柱，覆盆八角柱础，面阔五间，进深三间，十三架用三柱后墙承重，后金柱间有木屏

◎ 五宅第内景（龙门县普查办供图）

风，后堂中悬挂一块木质"蕃畲堂"横匾。三进为祖堂，中为祭祖厅，厅中有木雕神台，边框以木透雕挂落。左右置房。四五进为住宅房屋，四进原设宜休书室。

链接

功武村位于惠州市龙门县龙华镇，始建于明洪武元年（1368年）。由于廖氏族人后裔繁多，存有古民居上千间，院落十余座，多建于明末清初，以古民居（五宅第、三光楼）、廖氏宗祠、正街、古码头等为中心形成了具有岭南建筑艺术特色的古建筑群。

（供稿、复核：龙门县地方志编纂委员会办公室）

◎ 功武村村貌（龙门县普查办供图）

南社古民居·东莞市

茶山镇南社村

◎南社村村貌（东莞市地方志办供图）

南社古建筑群

南社村有祠堂32座，古民居250多座。据《南社谢氏族谱》记载，南宋末期会稽（今浙江绍兴）人谢希良之子谢尚仁因战乱南迁，几经周折于南宋德祐元年（1275年）定居南社。经过明、清几百年发展，形成面积11万平方米的古村落。

村内古建筑以长形水塘为中心，两边依自然山势错落布列，巷道布局合理，防御设施齐全。民居、祠堂、书院、店铺、家庙、楼阁、村墙、古井、巷道、牌楼、古榕等构成了具有珠江三角洲特色的农业聚落文化景观。保存良好的明末清初建筑较多，留存大量石雕、砖雕、木雕、灰塑及陶塑等建筑构件。

谢氏大宗祠、百岁翁祠、百岁坊、谢遇奇家庙、资政第等是南社古建筑群中的精品。古民居布局以金字间和明字间为主。祠堂除谢氏大宗祠以三进布局外，各家祠、家庙均为二进院落形式。

谢氏大宗祠

谢氏大宗祠为三开间三进院落布局，抬梁与穿斗混合式梁架结构。第二进厅堂檩条之间用卷草花纹雕刻的叉手与托脚联结，首进头门屋脊陶塑和二三进厅堂灰塑及封檐板木雕工艺精美。采用歇山屋顶，为东莞地区现存祠堂所少见。存有始建时用的香炉和明嘉靖三十四年（1555年）肇建碑刻。

碑刻（东莞市地方志办供图）

谢氏大宗祠（东莞市地方志办供图）

百岁坊

百岁坊始建于明万历二十年至二十六年（1592—1598年）。当时南社村的谢彦庆、谢实斯、谢彦眷之妻叶氏、谢振侯之妻黄氏都超过一百岁，东莞县令李文奎上报朝廷，朝廷批准建祠，公祠命名为"百岁坊"。百岁坊的正面形如牌坊，三开间二进院落布局，首进为三间三楼牌坊，歇山顶，檐下施如意斗拱，影壁须弥座红砂岩雕及二进梁架木雕工艺精巧。百岁坊坊祠结合，布局奇巧。

百岁坊（东莞市地方志办供图）

链接

南社村位于东莞市茶山镇东南部，距镇政府2.5千米。始建于南宋初年，因村落建于南畲塱边，故名南畲，后因畲与蛇同音，而蛇为民间所忌，故以"社"代之。该村先后获中国历史文化名村、中国传统村落、中国景观村落、全国特色景观旅游名村等称号。

（供稿：茶山镇政府；复核：东莞市地方志办）

南社村古民居（东莞市地方志办供图）

塘尾古民居·东莞市

石排镇塘尾村

◎ 塘尾村村貌（东莞市地方志办供图）

塘尾古民居

  塘尾村始建于南宋开禧元年至三年（1205—1207年），著名理学家李用的曾孙李栎菴为避难从东莞白马到塘尾开馆教书，娶妻黎氏并在此落居，经过元、明、清几百年发展渐成规模。村落以古围墙为界，村口水塘为中心，坐北向南，依自然地势缓坡而建，7纵4横的巷道呈"井"字形网状布局。村内交通系统与排水系统巧妙结合，生活用水与消防用水合理分布。

  塘尾古村落面积近4万平方米，布局合理，保存完整，是由围墙、谯楼、里巷、祠堂、民居、书房、村庙、古井、池塘、树木等组成的完整的岭南地区传统农村聚落。村落完整而集中地保存了岭南地区明清民居的多种建筑类型，有直头间、明字间、金字间以及各种类型组合，

◎ 塘尾村古建筑群（东莞市地方志办供图）

涵盖家庭富裕程度不一与家庭人口数量不等的各种民居类型。村中存有明清时期祠堂18间（原有22间），民居268间，书屋19间（原有33间），家塾3间，围门4座，谯楼19座，古池塘6口，古井10口（原有15口），上百年的古树10余棵。

塘尾古建筑群是珠江三角洲地区传统建筑的代表，各种建筑构件完备，装饰风格独特，被公布为全国重点文物保护单位。岭南明清建筑风格的鳌鱼鸱吻、夔纹、镬耳、彩绘、灰塑、木雕、砖雕、石刻、楹联、匾额、夹杆碑石、泰山石敢当等一应俱全，斗、拱、梁、柱、础、檩、椽、檐、砖、瓦、门、屏、梯、阶、枋、廊、额、雀替、墀头、趟栊、香炉、神龛、神台、祖宗牌位等均留下岁月痕迹。

◎ 古围墙（东莞市地方志办供图）

巨蟹护村

塘尾村古建筑群依山地缓坡而建，村前1口大池塘形似蟹壳，紧贴村落；2口小池塘形似蟹钳，双钳朝外；2口古井形似蟹眼，双眼朝内，寓意1只巨蟹守护村落和村前千亩良田。

链接

塘尾村位于东莞市石排镇西南部，距镇政府1.7千米。宋代立村。因村前有莲塘呈半月形绕村半周，而村落位于莲塘之尾，而取名塘尾，曾用名莲溪。该村是中国历史文化名村、中国传统村落、中国景观村落。

（供稿：石排镇政府；复核：东莞市地方志办）

五福里·江门市新会区

古井镇霞路村

五福里古村（吴英健摄）

五福里

五福里，始建于清光绪三十二年（1906年），按"五星拱照，福荫村民；五谷丰登，福气盈门"的祈望命名。横竖笔直的水泥巷道，是昔日用进口的水泥（俗称红毛泥）铺设。这些传统民居均是华侨赚钱后回乡建造的，建村时参照侨居国的城镇规划，规划整齐，风格统一。

旧牌楼与青砖大屋

五福里古村村口有一个用水泥建造的旧牌楼，透过这个古榕缠绕的牌楼，依稀可以看出当年的繁华景象。村内仍保留着360多座外观统一的青砖大屋。房屋大约每6间一厢，以一横街间隔。全部是青砖外墙，有二层的，也有一层的，布局为"三房三厅一天井"。

五福里旧牌楼（吴英健摄）

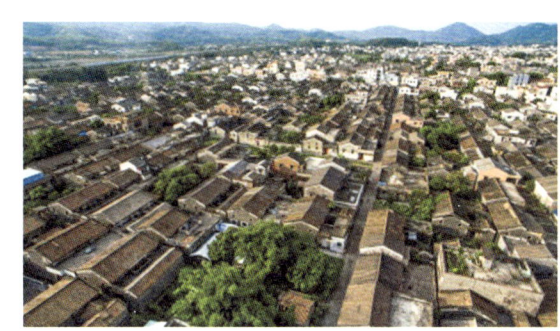

○ 五福里全貌（林学良摄）

　　整齐划一的青砖大屋，笔直的水泥巷道，坚固的花岗岩墙裙和门框，精致的门楣、窗楣雕刻，古老的趟栊门，厚重的红木大门，加上精致的石雕、灰塑和中西合璧的建筑风格，有如广州荔湾西关大屋，历尽百年沧桑仍显古色古香。大门口的趟栊拉门，由半径五六厘米的木圆条横排组成，可防盗、通风。趟栊后的大门，坚固厚重，是大屋的重要关防。这些古老大屋内，有八仙台、长桥凳，有古老的鱼尾钟，有的建有小院，小院中挖有水井，种有树木花草。

　　房屋在规划时注重防御功能，如房屋建有1米多高的"墙头仔"，"墙头仔"开有口字形的洞，外小内大，用来架设火药枪。村的东北面建有炮楼，用来观察敌情。村中挖有一个水塘，以备消防之需。

链接

　　霞路村位于江门市新会区古井镇东北部，距镇政府约1千米，面积约4.2平方千米。始建于明洪武九年（1376年），霞路始祖赵宗逞从十庙村（今会城东门附近）迁居到此开基。立村时，先祖见长空霞霭缤纷，瑞气千条，便以"霞露"为村名，后来改成霞路村。该村有五福里、宋宗室亲臣赵公祠、百岁牌坊等特色建筑。

（供稿：古井镇政府；复核：新会区地方志办）

霞路村村貌（新会区地方志办供图）

五架之屋·阳江市江城区

白沙街道麻茶村

◎ 麻茶村村貌（江城区地方志办供图）

形肖五架

麻茶村的传统民居是独特的古屋群"五架之屋"。全村南北向笔直的巷道有13条，每条巷道有古屋9座，共有117座，现保存较好。麻茶村的古屋规格较大，每座都是"五间两廊三天井"的建筑格局，被称为"五架之屋"。其以中脊为栋，南北各两架，与栋相接两架为楣，楣前接檐两架为庋。五间之中，中厅宽4.5米，厅两边的楣宽3.5米，近两边巷道的间（庋）为2.9米。

◎ 五架之屋内部（江城区地方志办供图）

○ 五架之屋外设（江城区地方志办供图）

莫赤珊宅

麻茶村代表性民居有民国时期曾任电白县长、封开县长的莫赤珊的住宅。莫赤珊宅门楼雄伟别致，正中"趣园"两个大字依稀可辨。屋檐、墙壁、走廊到处可见雕梁画栋，就连墙外的两根排水管，都是用陶瓷砌成，这些遗迹隐约显露着古屋当年的富丽堂皇。推开正门，堂屋正中的墙壁上，挂着莫赤珊清瘦的遗像。右侧偏屋里，一杆锈迹斑斑的古秤挂在窗边，窗子左下方墙壁上，留有枪炮眼。2012年，莫赤珊宅被评定为江城区不可移动文物。

○ 莫赤珊宅（江城区地方志办供图）

链接

麻茶村位于阳江市江城区白沙街道白沙行政村。村后有小山，村前有良田一片，还有一条利于灌溉的河流。

（供稿：莫玉映；复核：江城区地方志办）

奉政第·湛江市雷州市

纪家镇周家村

◎ 俯视奉政第（雷州市党史市志研究室供图）

| 周家大院 |

奉政第，又名周家大院，在周家村古民居中规模最大，建筑最精美，堪称古宅精华，远近闻名。奉政第始建于清光绪年间，由6个庭院、36间房组成。客厅与客厅之间均有走廊连接，地下的排水暗道设计精巧，排水特别通畅，9个天井的排水汇集一处再排出院外，形成"四水归堂"的巧妙建筑布局。

奉政第大门挺拔高耸，门顶檐瓦飞翘，青砖苔痕，雕梁画栋，甬道通幽；墙上镶嵌着的灰雕及室内的木浮雕、镂空雕，工艺精妙。

| 方形楼 |

周家大院总建筑面积1800多平方米，整体呈方形。砖石大墙高达7米，大墙内侧5米高处设有1.2米宽的"走马路"和32个炮眼。四角建有炮楼，每座炮楼也设有炮眼与望风口。

过道门墙的灰塑工艺（雷州市党史市志研究室供图）

奉政第门楼（雷州市党史市志研究室供图）

浮雕壁画

院宅的门楼横挂"奉政第"匾。大门口的上壁画有飞龙、翔凤、雄鹰和名贵花草树木，两端画有双手捧着"福禄寿"3字牌的金童玉女，形象生动逼真。整座建筑尽显庄严气派与诗风书韵。

链接

周家村位于湛江市雷州市纪家镇西部。村内多条石板路环古民居分布，存有如奉政第大院、善庆大院、仁里、文园、笃庆、善居、昇恒、履祥、周氏宗祠、雷皇庙、土地庙等特色古建筑，至今保护完好。

周家村村貌（雷州市党史市志研究室供图）

（供稿、复核：雷州市党史市志研究室）

居由轩·湛江市雷州市

白沙镇邦塘村

居由轩外景（雷州市党史市志研究室供图）

咸丰年间古轩

居由轩，又叫学修堂，始建于清咸丰年间，2003年再次维修。该屋坐东南向西北，为三进回合院式木架建筑，面阔27.74米，进深27.99米，占地面积约776平方米。

大门口两旁有一对大石鼓，门柱上雕有一对鲤鱼。建筑宏伟，灰塑飞檐，穿斗式梁架，墙上壁画色彩鲜明，内容丰富，梁架斗拱上有木雕麒麟图案。二进房屋宽敞，建筑基本与一进相同。居由轩布局严密，四面回廊曲径，幽雅清静，尽显大家气派。

改设学堂

居由轩原有清代名人翁方纲、陈乔森等人的手迹，"文化大革命"期间被烧毁。李世庆

居由轩门楼（雷州市党史市志研究室供图）

居由轩内的学修堂（雷州市党史市志研究室供图）

（国学士）、李舜廷（廪贡生）、李汉廷（国学士）等人在清末民初将居由轩改设为学堂，后办成学校，为邦塘村培养人才。居由轩久历沧桑，一度破旧不堪，2003年8月经上级拨款修复，重现光华。

链接

邦塘村位于湛江市雷州市白沙镇，地处雷州市郊国道G207线西侧。该村历史悠久，早在明朝中期，邦塘村李氏始祖李德重便从鹿洲岛（现湛江东海岛东山镇东头山）迁居此地，已历23世，400多年。邦塘村分南北两个自然村，同是李氏家族的后裔居住。邦塘古民居远近闻名，全村有100余座古宅，大部分集中在邦塘南村。邦塘村古民居的建筑形制布局威仪十足，较有观赏价值的是"居由轩"和"李云龙家宅"。

邦塘南村村貌（雷州市党史市志研究室供图）

（供稿、复核：雷州市党史市志研究室）

李云龙家宅·湛江市雷州市

白沙镇邦塘村

○ 李云龙家宅鸟瞰（雷州市党史市志研究室供图）

"回"字形布局

李云龙家宅以"回"字形布局，占地面积2000多平方米，大门屋檐盖狮头绿瓦，主屋在中间，四面厢房环绕，十分庄严。这座民居层层递进，各层都有一道大门，高3米，宽1米多，门前铺有坚固的石砖地板。进入大门，高墙深院，前庭是客厅，两层弧形的门洞，门顶塑"建德第""师古"篆字。

○ 李云龙家宅过道（雷州市党史市志研究室供图）

李云龙家宅门楼（雷州市党史市志研究室供图）

| 金神阁 |

李云龙家宅客厅前面有两道门，穿过第二道门即是正宅，庭院宽阔，正面是正厅，两边是厢房，下面就是一堵高大的墙壁。正厅中间是一个大神龛，这便是闻名遐迩的邦塘村金神阁。全部用金箔镶就，外面挂四盏大红宫灯。正面刻着"安富尊荣"四个大金字，显现昔日的富贵荣华。

| 链接 |

邦塘村位于湛江市雷州市白沙镇，地处雷州市郊国道G207线西侧。该村历史悠久，早在明朝中期，邦塘村李氏始祖李德重便从鹿洲岛（现湛江东海岛东山镇东头山）迁居此地，已历23世，400多年。邦塘村分南北两个自然村，均是李氏家族的后裔居住。

（供稿、复核：雷州市党史市志研究室）

光二大屋·云浮市郁南县

连滩镇石桥头村

光二大屋俯瞰（郁南县地方志办供图）

五路五进式南江大宅

光二大屋，始建于清嘉庆二十一年（1816年），为邱光仪所建，故名光仪大屋，又因当地方言"光仪"与"光二"的读音相同，且光仪在家族中排行第二，又名"光二大屋"。该屋坐北向南，建筑面积6667平方米，广五路，五进深，共有136间房，建筑规模宏大。整体建筑呈四方形，砖瓦木结构，龙船屋脊，硬山顶，有多种封火山墙，正门上方写有"文林第"三个大字。

防御功能显著

光二大屋最高处约20米，最外边是一圈又高又厚实的围墙，墙体厚40—60厘米，有趟栊门，进大门后有一大的明堂，屋脊上有各式各样的彩色图案，屋檐下雕刻花、草、虫、鱼等。屋内巷道、天井纵横交错，房厅错落有

光二大屋外墙（郁南县地方志办供图）

○ 光二大屋屋顶（郁南县地方志办供图）

致，有水井、仓库、舂磨坊等。房屋外是围墙通道，把整座大屋全部联结在一起，既可行人，又可隐蔽和对外射击，起防御作用。

大屋的墙、门和内部排水系统完善，正门是九竖五横的木制防盗门，门上有水槽。光二大屋是集防盗、防洪、防火于一体的岭南古建筑，是南江流域最大的民居之一，2008年11月被公布为第五批广东省文物保护单位。

链接

连滩镇地处南江中游东岸，南与河口镇接壤，西与历洞镇毗邻。2000年被文化部命名为"中国民间文化艺术之乡"，2014年被广东省农业厅评为第一批广东省名镇。

○ 石桥头村村貌（郁南县地方志办供图）

（供稿：郁南县地方志办；复核：黄黎明、蔡汝锴）

上围村碉楼·深圳市龙华区

观湖街道上围村

◎ 上围村陈氏碉楼（贺剑飞摄）

居守合一

上围老村依山而建，老村内现存碉楼4座、客家老屋近40座。这些碉楼的平面布局为集居式，由几家合住。有的碉楼顶层四周外挑，成一回廊，廊壁及地板上开有若干内大外小的梯形射击孔，顶部做成中式或西式大屋顶。碉楼建在村的最高处。

◎ 上围村房田碉楼（王永莉摄）

○ 上围村北碉楼（王永莉摄）

特色碉楼

年代最久远的陈氏碉楼位于上围村南一巷，由陈兆伦建于1935年，是用白灰砂混合黄泥土修建而成的4层建筑。碉楼楼高15米，门房共有4扇大门出入，第4层四面各有一个窗户。

村里最高的碉楼是房田碉楼，位于上围村北二巷16号后面，建于1936年。碉楼有6层，高24米，一层门房有2扇大门供出入，大门上分别书有"天赐鸿禧""兰桂腾芳"鎏金大字。

链接

上围村位于深圳市龙华区观湖街道樟坑径社区，老村面积2万多平方米，屹立的碉楼错落有致地点缀着客家老屋，使上围村具有厚重的历史沉淀和别样的民俗风韵。

上围村一角（贺剑飞摄）

（供稿、复核：龙华区史志办）

白花碉楼·深圳市光明区

光明街道白花洞村

◎周立忠碉楼（光明街道办供图）

环村碉楼群

白花社区现存5座碉楼，均建于清末民初，分别为黄屋排碉楼、周立忠碉楼（又称马池田碉楼）、周辉立（庙迳背）碉楼、围肚东碉楼和围肚西碉楼。依山环村而建，形成可相互照应的碉楼群。其中黄屋排碉楼为周氏族人所建，底层长5.4米，宽约8米，高5层约20米，远高于周围建筑，十分抢眼。

厚墙重门

几座碉楼皆为四方立柱形，中式墙体门

◎围肚西碉楼（光明街道办供图）

楣，西式顶层外廊，高5—6层，约20米，占地面积80—100平方米。土木混合结构，墙体采用当地黄土、石灰、河沙，拌以糯米浆或甘蔗糖，掺以稻草、竹片等夯实而成。墙体下宽上窄，底宽约1米，顶层约0.4米，呈梯形。大门是进入碉楼的唯一通道，多设双重铁门。每层设有门窗，木梯沿后墙而置。碉楼内设有天井，正面开门，门设三道，每道门皆可上锁，十分坚固。碉楼围基周边有附属建筑，风格各异，依主人喜好而定。

| 链接 |

白花洞村位于深圳市光明区光明街道白花社区，距离街道办事处约9千米。东接龙华区观澜街道大水坑村，南邻大浪街道大浪村，西至凤凰村、碧眼村，北连迳口村。

黄屋排南碉楼（光明街道办供图）

围肚东碉楼（光明街道办供图）

（供稿、复核：光明街道办）

沙边碉楼·中山市

中山港街道沙边村

沙边上街十巷33-1号碉楼（火炬开发区党政办供图）

沙边上街十巷50号、51号碉楼（火炬开发区党政办供图）

七户一楼

　　沙边村有碉楼70多座，其中29座被列为中山市不可移动文物，30多座为中山市优秀历史建筑，沙边村因此被列入中山市历史文化保护区。碉楼多集中在沙边上街、沙边中街，密布在居民区。碉楼普遍建于民国时期，多为砖混结构，青砖砌墙，占地面积普遍较小，多为20多平方米，个别面积大的达80平方米，最高5层。主要用作防御，供临时居住，较少兼顾日常起居的便利性。沙边村原居民不足500户，平均每7户人家就有1座碉楼。据称这不仅在中山地区，在广东省内乃至全国，都是碉楼最密集的村庄。

◎沙边上街二巷5号碉楼（火炬开发区党政办供图）

◎沙边中街三巷6号碉楼（火炬开发区党政办供图）

沙边上街十巷 11 号碉楼左侧民居（火炬开发区党政办供图）

多元建筑元素

沙边村碉楼既有浓郁的地方特色，也充分体现了中山近代华侨建筑的特色。女儿墙设计各异，窗楣灰塑彩绘精美。有的碉楼与民居相连，形制与西式洋楼相近，柱廊、拱券、几何纹窗楣、女儿墙等西式元素与趟栊门、花鸟诗词彩绘、灰塑等中式元素充分融合。

链接

沙边村位于中山市火炬开发区西南，村落呈长方形块状分布，始建于清顺治五年（1648年），当时这一带为濠头及水洲两个沙洲交接处南侧，位于海边，为海沙覆盖，故名沙边村。2015年，有户籍人口2306人，村民主要为孙姓和刘姓，使用闽方言和粤方言。外来人口约17000人。该村是著名侨乡，祖籍该村的港澳同胞550人。华侨华人约1900人。

沙边村村貌（火炬开发区党政办供图）

（供稿：梁凤梅；复核：中山市地方志办）

瑞石楼·江门市开平市

蚬冈镇锦江里村

◎ 瑞石楼全貌（开平市地方志办供图）

"开平碉楼第一楼"——瑞石楼

瑞石楼，建于1923年，楼高9层，28.37米，占地面积227.8平方米。坐西北向东南，钢筋混凝土结构。建楼所用的水泥、钢筋、玻璃、木材等均购自香港，共耗资3万港元，历时2年完成。楼额"瑞石楼"为广东著名书法家、广州六榕寺住持铁禅大师所题。该楼是中西合璧的居楼，外观具有巴洛克、伊斯兰、拜占庭等多种西方建筑风格，室内摆设为传统岭南特色，楼内配备了枪械、铜钟、探照灯。瑞石楼有"开平碉楼第一楼"的美誉，据称是开平碉楼楼层最多、建筑艺术价值最高的碉楼。

◎ 仰视瑞石楼（江门市地方志办供图）

造型与装饰

瑞石楼共9层,每层立面都有不同的线脚和柱饰,增加了建筑立面的艺术效果。各层的窗裙、窗楣和窗花的造型和构图也各有不同,灵活多变。五层顶部的仿罗马拱券和四角别致的托柱有别于其他碉楼中常见的卷草托脚,循序渐进,向上自然过渡,视觉效果良好,符合美学形式。六层有仿爱奥尼风格的列柱与拱券组成的柱廊。第七层是平台,四角建有穹隆顶的角亭,南北两面可见到巴洛克风格的山花。八层平台中,有一座西式的塔亭。第九层有穹隆顶小凉亭一座。

瑞石楼顶层(敖洽权摄)

链接

锦江里村位于江门市开平市蚬冈镇长乐行政村,始建于清顺治元年(1644年),黄氏先祖自蚬冈顾边村迁此而形成。因先祖希望有锦绣美好的生活,村边有锦江,故名锦江里。村民主要为黄姓,2015年末有户籍人口160人。

(供稿、复核:开平市地方志办)

瑞石楼远景(江门市地方志办供图)

自力村碉楼群·江门市开平市

塘口镇自力村

◎ 自力村碉楼群（关万全摄）

自力村碉楼群

自力村有15座建于民国时期的碉楼和居庐，包括云幻楼、铭石楼、叶生居庐、官生居庐等，这些风格各异、造型精美、内涵丰富的碉楼，是开平碉楼兴盛时期的杰出代表。包含自力村碉楼群在内的开平碉楼与村落于2007年6月被列入世界遗产名录。

自力村碉楼将中国传统乡村建筑文化与西方建筑文化巧妙地融合在一起，罕有地体现了近代中西文化在中国乡村的广泛交流，成为中国华侨文化的纪念丰碑和独特的世界建筑艺术景观。楼内保存着完整的生活设施、生产用具和日常生活用品，是当时华侨文化与生活的见证。

云幻楼与铭石楼

云幻楼，始建于1921年，由碉楼和庭院围墙组成，总占地面积998.4平方米。坐西北向东南，楼高5层18.88米，首层面阔8.02米，进深8.55米，钢筋混凝土结构。平屋顶，造型简

◎ 农田中的碉楼群（江门市地方志办供图）

朴，室内设施齐全，顶层门口有楼主亲自撰写的长联。上联：云龙风虎际会常怀怎奈壮志莫酬只赢得湖海生涯空山岁月；下联：幻景昙花身世如梦何妨豪情自放无负此阳春烟景大块文章；横批：只谈风月。

铭石楼，始建于1925年，占地面积600平方米，由主楼、附楼和庭院组成。主楼坐西北向东南，高5层22.74米，首层面阔10.66米，进深10.53米。中下部造型简洁，上部丰富。第五层的前部是宽广的敞廊，四角是悬挑的角堡；正面顶部中央为六角攒尖琉璃瓦凉亭。附楼主要用作厨房和存放农具的杂房。

○ 铭石楼（关万全摄）

链接

自力村位于江门市开平市塘口镇强亚行政村。始建于清道光十七年（1837年），方姓族人首先在犁头咀建村，取名安和里。之后，又相继建成了永安里和合安里。土地改革时期，将安和里、合安里、永安里3个村子合成一个村子，取名自力村，寓意"自力更生、奋发图强"。

云幻楼（关万全摄）

（供稿、复核：开平市地方志办）

自力村村貌（江门市地方志办供图）

刚直公祠古堡·湛江市雷州市

英利镇昌竹园村

◎ 拜亭及正殿（雷州市党史市志研究室供图）

刚直公祠古堡

刚直公祠古堡是粤西地区较大、保存最完好的一座古碉楼，为雷州市文物保护单位。始建于清同治十一年（1872年），平面呈长方形，长67米，宽47米，四周绕以1.2米厚围墙，墙高10米。碉楼为"回"形，内建有住房72间，总建筑面积6000平方米，分上下两层，东北角与西南角碉楼高6层，东南角与西北角哨楼高4层，四周城墙设垛口供射击，上面建环形走道，可通碉楼和哨楼，是一座集居住、防卫于一体的特色建筑。

◎ 刚直公祠古堡俯瞰（雷州市党史市志研究室供图）

五曲回环水道

碉楼内的排污道口为预制的网状灰框，5个出水口被113米长的五曲回环水道连在一起，2003年经人工疏通后，至今完好畅通，排水涝效果好。

麒麟形排水口（雷州市党史市志研究室供图）

岗楼余踪

整座古堡最引人注目的是东北角的岗楼，原有20多米高，在20千米远的村外就能看到。岗楼现存3层，保存完好，不同高度开有四种不同形状的射击孔。西南角的岗楼在"大跃进"时期因生产生活需要被拆，墙砖作他用，现只剩下首层。碉楼兼有防御与居住功能，在西面原设置有小戏场，现只存戏台地基。

链接

昌竹村位于湛江市雷州市英利镇，由昌竹、昌竹园、斗六、信宜四个自然村组成，南北一线排列。

（供稿、复核：雷州市党史市志研究室）

古堡外立面（雷州市党史市志研究室供图）

太平楼·肇庆市德庆县

永丰镇古蓬村

◎古蓬村太平楼（徐向光摄）

八卦阵式碉楼

太平楼建于明崇祯年间，历时7年建成。楼高15.5米，砖木结构，首层墙厚7砖（约90厘米）。太平楼有三个特点：第一是自然洁净，常年不扫仍是蛛丝不挂；第二是排水设计精良，雨后砖瓦不会滴水或长流；第三是大楼窗户布置呈八八六十四卦阵式，有瞭望窗，有防御式的喇叭形射击窗口，易守难攻。

厚墙窄门

太平楼位于村中轴线顶端，楼高四层，有前厅、中院（含戏台）、后楼。碉楼的入口大门只有2米高、60厘米宽，只能容一人通过。门框采用的是1米多厚的花岗岩，第一道门是一扇20多厘米厚的铁门，第二道门是30多厘米厚的坚硬木门。

碉楼的首层墙壁有1米多厚，第二层到第四层墙壁的厚度逐层递减，但是顶楼的墙壁还有

◎古蓬村祠堂群古民居俯瞰（德庆县地方志办供图）

◎古蓬村祠堂群古民居屋檐（德庆县地方志办供图）

近80厘米厚，碉楼每层楼的四周都遍布内宽外窄的八字形射击孔、瞭望窗。

| 链接 |

古蓬村位于肇庆市德庆县永丰镇东北部，距离圩镇约3.5千米，县级村道基本覆盖全村。明嘉靖年间此地就有人居住，成村于清朝中前期。村内拥有粤西最大、保存最为完好的古祠堂群，已被公布为德庆县文物保护单位。

◎厚墙窄门（德庆县地方志办供图）

◎古蓬村村貌（德庆县地方志办供图）

（供稿、复核：德庆县地方志办）

桃源圩炮楼·清远市清新区

浸潭镇旧圩村

◎ 大吉祥炮楼（清新区史志办供图）

桃源圩炮楼由大吉祥炮楼和二和祥炮楼组成，2011年被公布为县级文物保护单位。

大吉祥炮楼

大吉祥炮楼，建于清末民初，坐西向东，面阔5.05米，进深4.85米，首层建筑面积24平方米，墙壁厚0.4米。炮楼高15米，共5层，有1个地下室。每层用杉木条和木板铺设，四周各有1个以上射击角度为45度的瞭望孔，二至四层各有一个宽0.5米、高0.7米的大窗户，第三层和第五层有装饰图案。大门口门槛以麻石构件镶嵌，配以趟栊和实木大门。

二和祥炮楼

二和祥炮楼，建于民国初年，坐西向东，面宽9.67米，进深5.31米，首层建筑面积51平方米，墙壁厚0.42米。墙体用石灰、黄泥和少量植物纤维混合，经堆沤后舂墙，形成"熟浆墙"，墙体宽厚，坚实牢固。炮楼高14米，共4层，有1个地下室，每层用杉木条和木板铺设，四周各有2个以上射击角度为45度的瞭望孔。大门口门槛以麻石构件镶嵌，配以趟栊和实木大门。

大吉祥炮楼仰视（清新区史志办供图）

链接

旧圩村，位于清远市清新区浸潭镇南部，距离镇政府约27千米，与井头岜村相邻，因村庄曾经是桃源圩旧址而取名旧圩村。该村坐落于滨江山区，屋背山脚下。2011年，该村的大吉祥炮楼和二和祥炮楼合称桃源圩炮楼，被公布为县级文物保护单位。

二和祥炮楼入口（清新区史志办供图）

（供稿：朱健明；复核：钟洁华）

二和祥炮楼局部（清新区史志办供图）

广东特色建筑

礐石洋楼群·汕头市濠江区

礐石街道礐石村

◎ 汕头英国领事署旧址（翁志雄摄）

汕头英国领事署旧址

汕头英国领事署旧址位于礐石村海旁路5号，为市级文物保护单位，始建于清咸丰十一年（1861年），是汕头开埠后最早的领事馆之一。包括主楼、附楼、工人楼和后花园，仿欧式中西结合建筑风格，保存基本完好。其主体建筑为柱廊式，高两层半，平面呈矩形，底层采用石板架空，砖石墙体。建筑材料大部分从英国运来，且根据气候及所处地势而建造，通风、透气、排水、保暖等设计科学合理，冬暖夏凉。

礐石基督教堂

礐石基督教堂位于礐石山医生顶西33号，为市级文物保护单位。清咸丰十年（1860年）美国传教士耶士摩在汕头妈屿岛设教堂传教，清同治三年（1864年）迁至礐石街。教堂建筑风格为中西合璧的砖石结构，正门楼亭是三重檐歇山顶，顶上

◎ 礐石基督教堂外观（濠江区文化广电旅游体育局供图）

铺绿色琉璃瓦，配斗拱飞檐，由六根石柱支撑，四周基座及墙体用花岗岩砌筑。

太古公司住宅楼旧址

太古公司住宅楼始建于1920年，为两层混合式建筑，柱廊式，主体坐南向北，平面呈"L"形，楼底层采用石板架空，利于防潮、防湿、排水等。环绕在四周的走廊及室内壁炉、落地式百叶窗、玻璃门，既通风透气，又保暖隐蔽，充满异国情调。该楼为原英国太古公司（清末时称中国轮船公司）海员宿舍，该公司是当时礐石商贸领航标。

太古公司住宅楼旧址（濠江区文化广电旅游体育局供图）

百载商埠见证者

礐石潮海关副税务司公馆位于礐石山医生顶15号，为省级文物保护单位，是汕头海关前身礐石潮海关外籍高级官员的住所，为钢筋混凝土红砖洋楼，分上下两层，属西洋式建筑风格。清光绪十五年（1889年）英

礐石潮海关副税务司公馆大门（濠江区文化广电旅游体育局供图）

国人在礐石购得土地12.6亩作为副税务司公馆基地，后建成单身帮办宿舍，清光绪二十四年（1898年）重建。该建筑历经沧桑，是近代西方列强把持我国海关管理权的见证，是潮汕地区一处重要近代史迹和代表性建筑。

链接

礐石村，位于汕头市濠江区礐石街道西北部，原是个小渔村，清咸丰十年（1860年）汕头开埠后，美、英、比利时等国先后在此设立领事署，建教堂、办学校、设医院、办工厂、开商行，商贸活跃，人口逐渐稠密而形成村落。

（供稿：濠江区地方志办；复核：汕头市地方志办）

华侨建筑群·中山市

南区街道沙涌村

马公纪念堂（南区街道办供图）

马公纪念堂建筑群

马公纪念堂建筑群始建于1923年，由3栋建筑构成，是香港先施公司创办人马应彪为纪念其父马在明，以及自己老来安居家乡而建。整个建筑群占地面积约8100平方米，包括一元堂、南源堂、妇幼院（沙涌先施学校）。

一元堂相传是为激励后人勤奋、上进所建，寓意"一块钱也可以发达"。也有说一元堂是马应彪为纪念十三世祖一元公所建。

南源堂为仿英钟楼式建筑，各座均为三层。南源堂除中座纪念堂带有中国古建筑风格外，左右两座大宅均为欧式风格。

妇幼院（沙涌先施学校）为仿西班牙式建筑，高三层。妇幼院是马应彪专门为当时村中

一元堂（南区街道办供图）

沙涌村榕树仔街3号民居（南区街道办供图）

沙涌南宝大街137号民居（南区街道办供图）

妇女儿童设计建造，主要为他们提供学习的场所。为确保教学质量，妇幼院的教具均从香港购置，堪称当时中国农村设备最齐全的妇女学校，是当时中山县农村最早成立的妇女学校。现已改为沙涌村幼儿园。

本地华侨建筑的代表

沙涌村南宝大街137号民居为中山侨房典型，建于民国时期，占地面积392平方米。该民居分主、附楼，均为砖混结构，具有西方古典主义风韵，主入口为半圆形拱门，二层前部有圆弧形拱券门和突出墙面的圆弧形阳台。主楼高两层，顶部有梯间，一楼楼梯口和二楼前廊的支承拱券有仿爱奥尼式柱子。

南源堂外门（南区街道办供图）

链接

沙涌村，位于中山市南区街道良都社区，距离街道办事处约2.3千米。南宋嘉泰三年（1203年），工部侍郎马南宝先祖马驿、马驳自新会县城金紫街迁来建村。经400余年发展，至清代已经发展成为人烟辐辏的大聚落。为中山历史名村，号称"侍郎故里"，有宋帝遗迹。沙涌村华侨众多，是民国四大百货公司之一先施百货创建者马应彪的故乡，华侨建筑遗存丰富，分布集中。2007年，沙涌村被中山市旅游局评为"旅游特色村"。2009年，该村15.97公顷区域被广东省人民政府划定为中山市历史文化街区。

（供稿：梁凤梅；复核：中山市地方志办）

浮月洋楼·江门市台山市

斗山镇浮月村

◎ 浮月村村貌（台山市地方志办供图）

中西融合

浮月洋楼兴建于1917—1936年间，由浮月村15位旅居美国的乡亲兴建，楼宇大多数以主人的名字或其中一个字冠名，有几座洋楼是例外，它们的楼名或表达楼主对安雅平和生活的追求，或表达对兰香芬芳意境的钟情。这15幢洋楼的楼名分别是贤安庐、安雅庐、国庐、仕庐、英庐、源庐、炯庐、鋆庐、晃庐、兰芳居、惠华居、蓁华居、恒安居、陈国旗楼和中山阁。其建筑形式各有千秋，各具特色。修建洋楼历经近20年，开始时楼主原模原样地将西洋建筑中的拱、柱、线脚、穹顶等搬到楼宇中，后来乡土工匠不自觉地在外来建筑模式中加入本地传统的建筑特色。从某种意义上来说，浮月洋楼代表了西学东渐建筑不同阶段的特色。

◎ 中山阁（台山市地方志办供图）

仕庐（台山市地方志办供图）

浮月洋楼

浮月洋楼风格各异、错落有致，是台山民居建筑的一大特色，被学者视为"洋楼与碉楼建筑功能相结合的混合型华侨建筑"，是华侨文化与华侨建筑的典型代表，有中国传统文化与西洋文化交融的显著特征，吸引着众多的海内外游客和摄影爱好者，国家、省市文史、建筑、侨务等部门的专家、学者多次前来参观、考察。2002年，浮月洋楼被公布为省级文物保护单位，为影响中外的华侨建筑代表作之一。

15幢洋楼中，最早的惠华居建于1917年；最迟兴建的"国庐"竣工于1936年。有的极其豪华气派，显得气宇轩昂；有的则秀气内敛，静如处子。贤安庐是其中最典雅亮丽的代表性建筑，由于墙体用红砖砌筑，当地人又称之为"红楼"，整座洋楼极具欣赏和研究价值。中山阁是楼主为纪念其父与孙中山的一段革命友谊而兴建的。

链接

浮月村位于江门市台山市斗山镇南部，距镇政府约3.5千米，占地面积50多亩。始建于清乾隆四十二年（1777年）。在浮月村散布着15幢碉楼庭院式华侨别墅，被称为"浮月洋楼"，2003年被评为"台山八景"之一。2016年12月，浮月村被列入中国传统村落名录。

安雅庐（台山市地方志办供图）

惠华居（台山市地方志办供图）

（供稿、复核：台山市地方志办）

翁家楼·江门市台山市

端芬镇庙边村

◎ 玉书楼全景（台山市地方志办供图）

◎ 相忠楼（台山市地方志办供图）

翁家楼

翁家楼由台山籍香港翁氏宗亲和旅美宗亲聘请德国人设计图纸建造，占地面积1500平方米，建于1927—1931年，包括玉书楼、沃文楼、相忠楼3幢西式别墅和2幢二层高的中西合璧建筑。5幢住宅成横轴排列，楼与楼之间讲究整体和独立的庭园环境。翁家楼素雅的外观与当地山水自然景观协调和谐，融为一体。

玉书楼、沃文楼、相忠楼

3幢西式别墅设计布局富于现代感，平面略呈方形，前半部为花园，后半部为建筑。建筑为钢筋混凝土结构，平屋顶，楼高3层，首层为半地下室，属于生活区。沿庭院平滑光洁的石阶进入二、三层，这是楼主的居住区，厅与房的布局合理，每房都设有主房、小房，意大利水磨砖铺地，色彩鲜艳夺目。墙身辟有形状各异的大玻璃窗，使室内空气流通，光线充足明亮，别墅至今仍然保留有外

◎ 玉书楼局部（台山市地方志办供图）

沃文楼全景（台山市地方志办供图）

国制造的彩色玻璃。翁家楼注重正立面的造型设计，层次分明，各层设有阳台，屋顶有亭台楼阁，既是室内居住者的活动空间，亦是眺望乡村景色的好地方。

三幢别墅各有千秋。玉书楼外观雍容华贵、大方得体，窗户的设计造型多样化，糅合了方形、圆形、半圆形、六角形和榄形等多种图案，显得变化万千。沃文楼保存最为完好，门口采用两根标准的爱奥尼柱子突出入口部分，主体部位墙身从二层起用红砖砌筑，顶部设战将旗杆帽造型，寓意关云长。最为引人注目的是大厅一扇直径3米的拱圆形柚木大门，内嵌五彩进口玻璃，砌成精美图案，光彩夺目。相忠楼外观四平八稳，显眼部位在阶梯平台大门口上方，采用四根方柱撑起一个半圆形的建筑嵌在主楼内，二层设三扇大玻璃窗，顶部建有穹形旗杆瞭望亭，有如张飞怒目神态。当地居民将玉书楼、沃文楼、相忠楼的建筑立面生动地比喻为三国时期历史人物刘备、关羽、张飞的造型。

沃文楼入口（台山市地方志办供图）

链接

庙边村位于江门市台山市端芬镇北部，东、西、北三面与三合镇的福安、新安、横塘相接，是端芬镇最北的行政村，距端芬圩8千米。总面积16.34平方千米，辖26个村民小组，30多个自然村。

（供稿、复核：台山市地方志办）

安铺骑楼·湛江市廉江市

安铺镇瑞南社区

安铺镇镇貌（安铺镇政府供图）

楼居出海口

安铺骑楼多建于清末民初。其建筑结构除了符合当地的自然环境和气候外，主要表现为东南亚风格，这与安铺镇当时的商贸和交通环境有很大关系。安铺镇位于九洲江出海口边，是明清时期内陆通往东南亚的主要港口之一。商人将丝绸、陶瓷等物品运往东南亚诸国的同时，又将海外文化带回中国，于是便有了这种具有异国风情的建筑。

万铺之城

据老一辈回忆，当年镇内骑楼商铺繁多，一座座骑楼互相连接成长廊，两旁商号招牌密密麻麻，老店鳞次栉比，一派繁华，当时安铺镇甚至被称为"万铺之城"。正是由于铺面众多、道路狭窄、光线阴暗，又被人们称为"暗铺"，直至清嘉庆二十四年（1819年），"暗铺"才正式更名为"安铺"，并沿用至今。

街道两旁的骑楼（谭志汉摄）

复式空间

安铺镇的骑楼大多为砖木结构，以红砖、木桁、瓷瓦等为主要材料建成。楼上住人，楼下作为商铺，门面向内缩入2—3米作为人行走廊。

安铺骑楼特色鲜明。中西合璧，建筑风格多样共存，形成自己独特的河海骑楼风貌；避免烈阳直射，遮风挡雨，环境舒爽；骑楼一开始用于改善生活环境，继而以商业活动为主；空间和资讯共享，邻里关系和睦；骑楼生活气息浓郁，成为安铺人民边喝茶边聊天，边乘凉边会客以及小孩子玩游戏的地方。反映了商业文化与社会文化相结合、外来文化与本地文化相交融的地域特色。

安铺骑楼（谭志汉摄）

链接

安铺镇位于湛江市廉江市西南部，始建于明正统九年（1444年），是广东四大古镇之一，也是全国重点镇、广东省中心镇、广东省宜居示范城镇、全国第二批特色小镇。

（供稿：安铺镇政府；复核：廉江市地方志办）

九洲江（钟文摄）

陈芳家宅·珠海市香洲区

前山街道梅溪村

陈芳家宅院落（杨成杰 摄）

梅溪古建筑群

陈芳家宅包括陈芳故居、陈氏宗祠、梅溪大庙、梅溪石牌坊3座、梅溪碉楼、"胜地佳城"碑刻、西洋墓地等，建于清光绪十七年至二十二年（1891—1896年），建筑为砖瓦结构，结合西方文化及中国建筑传统，雕梁画栋，突显岭南风格。陈芳家宅（含梅溪石牌坊）于2006年被国务院公布为第六批全国重点文物保护单位。

胜地居佳城

陈芳家宅门前、屋巷铺设石板、砖块，种白玉兰、九里香等花木，周围筑砖墙，东西两角设置哨楼，组成陈氏家族庄园式的建筑群，建筑面积达2495平方米，总占地面积5742平方米。内设有私家舞厅，显露出中西合璧风格。陈芳花园及陈芳家族墓园在陈芳故居前，东西长300米，南北宽240米，占地面积7.2万平方米，其内有"胜地佳城"碑刻、各种园林建筑及花卉草木。

建宅主人陈芳（1825—1906），出生于前山梅溪村，是华侨中的商业精英，曾被清政府任命为中国驻夏威夷首任领事。清光绪十六年（1890年），年迈的陈芳回乡后扶危济困、乐善好施、建设家乡，故有"陈芳复兴黄茅斜（梅溪旧称）"之美誉。

大院水井（珠海市地方志办供图）

链接

梅溪村，位于珠海市香洲区前山街道西北部，距离街道办事处3.9千米，面积约3.8平方千米，相邻自然村有东坑村、福溪村。20世纪90年代末，珠海梅溪旅游发展公司对村内的陈氏家族墓园、牌坊、祠庙等进行修缮和整治，开辟为一个颇具规模、富含历史文化底蕴的旅游景点——梅溪牌坊旅游区。

陈氏大宗祠（珠海市地方志办供图）

梅溪大庙（珠海市地方志办供图）

（供稿：香洲区地方志办；复核：珠海市地方志办）

唐绍仪故居·珠海市香洲区

唐家湾镇唐家村

共乐园（香洲区文化中心供图）

双楼一体

唐绍仪故居（含共乐园、望慈山房）位于唐家湾镇唐家村山房路，为广东省文物保护单位。故居是两座两层连成一体的楼房，面阔12.3米，进深11.6米，为民国首任内阁总理唐绍仪出生地。后座为唐绍仪祖父于清朝所建，前座为唐绍仪于1929年所扩建。

共乐园观星阁（香洲区文化中心供图）

共乐园

共乐园始建于清宣统二年（1910年），原是唐绍仪私家花园，初期花园里收藏着一件"小玲珑水晶球"，故取名为"小玲珑山馆"，扩建时改名"共乐园"。共乐园依山面海，有50多亩，种有许多名贵花木和荔枝，种源大多从国外引进，有"岭南植物园"之称。1932年唐绍仪任中山县县长时将该园赠予唐家村父老乡亲。园中有许多历史名人遗存，如孙中山赠种的日本黑松,京剧大师梅兰芳手植的柠檬、桉树等。

望慈山房

望慈山房是唐绍仪的私人别墅,也是他任中山县县长时的办公场所。建于1929年,为纪念其母而取此名。1989年3月3日,唐绍仪的遗孀吴维翘率子唐楗、女唐宝璐和唐宝珊回故乡时,将"望慈山房"捐献给唐家湾镇人民政府作老人活动中心。

望慈山房(香洲区文化中心供图)

链接

唐家村位于珠海市香洲区唐家湾镇,坐落于鹅峰山脚,民国时期曾为中山县县署。中华人民共和国成立后,曾为珠海县人民委员会所在地。唐家村历史底蕴深厚,现存约200座传统广府民居,代表性民居有太史第(唐宝锷故居)、唐绍仪故居、望慈山房和学境堂。村中不可移动文物多达33处,其中宗祠有13座。

唐绍仪故居(香洲区文化中心供图)

(供稿:香洲区社会保障和公共事业局;复核:珠海市地方志办)

陈慈黉故居·汕头市澄海区

隆都镇前美村

○ 前美村村貌（澄海区地方志办供图）

黉院惠风

陈慈黉故居是由旅外侨胞陈慈黉家族兴建。故居包括郎中第、寿康里、善居室和三庐书斋等建筑，始建于清宣统二年（1910年），前后历时近半个世纪。建筑风格中西合璧，以传统的"驷马拖车"糅合西式洋楼，点缀亭台楼阁，通廊天桥，萦回曲折，被誉为"岭南第一侨宅"。被公布为省级文物保护单位。2005年被评为汕头八景之"黉院惠风"。

○ 陈慈黉故居（澄海区地方志办供图）

"善居室"是陈慈黉故居的代表性建筑，始建于1922年，以典型的"驷马拖车"为主体，中西合璧，厢房仿北京故宫之东西宫建筑，四周为双层洋楼。每座院落内部大院套小院，大居配小屋，既有点缀亭台楼阁、西式阳台，又设有更楼哨台和通廊天桥。

墙体与梁柱的精美雕刻（澄海区地方志办供图）

百凤朝阳

"百凤朝阳"是潮汕地区民居的一种典型布局结构，一般由两座"四点金"合并与扩充而成。陈慈黉故居的宅院采用潮汕民间建筑的这一传统格局，整座宅院外面又建起一围二层洋式楼房，形成一完整的独立结构。楼房面朝庭院，后墙向外。自外远望，大面积的粉墙与黝黑的屋顶对比鲜明，宅院坚实而严肃。在高墙后面，宅院成为一个同外界隔绝的空间，保持了院内的静谧和安宁。

链接

前美村位于汕头市澄海区隆都镇西北部，距城区约15千米，历史悠久，海外华侨众多，是潮汕地区著名的古村落，也是汕头市著名侨乡，获中国历史文化名村、中国传统村落等称号。近年来，前美村古建筑群逐步引起国内外游客和学者的关注，成为具有潮、侨特色的旅游景点。

传叶堂（澄海区地方志办供图）

（供稿：澄海区地方志办；复核：汕头市地方志办）

陈少白故居·江门市江海区

外海街道东南村

◎ 陈少白故居外观（江海区地方志办供图）

仿四合院建筑

陈少白是近代资产阶级革命家，其故居始建于1927年，为陈少白父亲陈子桥所建。1931年，陈少白主持重修。陈少白故居包括亚字楼、白园、念桥、白桥等建筑群体。长43米、宽28米，占地面积1204平方米，为仿照北京四合院建筑范式而建的封闭式院落。

亚字楼与白园

亚字楼坐落于故居正门左侧，长8.4米、宽7米，楼高两层，为混凝土、青砖混合结构，为陈少白的主要居所。二楼房间保留陈少白使用过的酸枝木大床。二楼前有小阳台。亚字楼右为二层楼房，长35米、宽4米，有檐廊。亚字楼后是一座仿古平房建筑，3开间，面宽18米、进深5米，硬山顶，四柱，硬山搁檩。

◎ 亚字楼（江海区地方志办供图）

陈少白故居正门（江海区地方志办供图）

粥锅亭（江海区地方志办供图）

白园占地面积1500平方米，以竹、葵为材料建造日本式别墅，后用砖木改建。与亚字楼隔一小河，并有白桥相连。园内的沙萝坪为陈少白闲居乡里时或种菜栽花或练太极拳的处所。园内有粥锅亭，旁为矩形青砖平房，占地面积200平方米；平房天面平台上为瞻云亭，长4米、宽2米，为四柱卷棚顶式结构。

念桥与白桥

念桥为混凝土结构，长6.6米、宽4.2米，东西向，桥两旁有栏板，栏高0.8米。桥中两旁栏板外面均有阴文"念桥"二字，每字边长0.3米，上款"纪念子桥先生"，下款"辛未秋白园主人"，均为陈少白所书。该桥1930年开始建造，为纪念其父陈子桥，故名念桥。1987年，因修筑通往外海大桥道路而被拆除。

白桥（江海区地方志办供图）

白桥位于亚字楼门前，与念桥相距30米，建于1934年。为混凝土结构，东西向，长9.5米、宽2米，两边各有栏板9道，栏高0.8米，桥中两旁栏板外面有阴文"白桥"二字，每字边长0.27米，上款"二十三年春"，下款"白园"，均为陈少白所书。

链接

东南村位于江门市江海区外海街道东北部，始建于明代洪武十一年（1378年）。2017年辖区面积2.6平方千米，有村民小组12个，常住人口7130人，户籍人口4230人，村民主要为陈姓。经济发展以建厂房物业出租为主，有工业区2个、企业50多家。村内设有东南小学、东南幼儿园、新园公园、老人院和图书室等设施。

（供稿、复核：江海区地方志办）

关山月故居·阳江市江城区

埠场镇果园村

关山月故居（江城区地方志办供图）

隔山书舍

关山月是我国著名国画家、教育家，岭南画派代表人物。其故居又名"隔山书舍"，始建于清嘉庆年间，重建于2000年初，现为阳江市江城区文物保护单位，也是近现代重要建筑之一。

寒舍赤心

故居的摆设一仍其旧，两房一厅、一个厨房和一个天井，门口挂着关山月题的"隔山书舍"牌匾，客厅内挂着关山月及其父亲的照片、关山月年轻时的一些画作等。两边各一小房间摆放些杂物，一切看起来非常简朴。关山月一直没舍得为自己的老房子增添一样东西，但若是关乎家乡的建设事业，他便毫不吝啬地把自己的心血之作捐献出来，以回报家乡的养育之恩。

1996年他再一次以画捐资，建设那蓬村委会办公大楼。为支持阳江建设，单是《梅花图》，关山月就捐赠了8幅。

故居保护

故居周边环境优美，附近建有绿色广场、关山月雕像以及荷花池、观赏亭等旅游配套设施，还有两条进入故居的水泥硬底化道路。

链接

果园村位于阳江市江城区埠场镇那蓬村行政区，坐落于漠阳江畔，东接蓬海村，南连王华村，西邻那梨村，北至蓬山村，距离镇政府约3千米。

（供稿：林露丝；复核：江城区地方志办）

关山月故居一角（江城区地方志办供图）

果园村村貌（江城区地方志办供图）

杨愈将故居·清远市连山壮族瑶族自治县

福堂镇新屋村

○ 杨愈将故居（杨年木 摄）

三进二井院落

杨愈将故居始建于清道光二十五年（1845年），坐东向西，青砖木结构，悬山顶，龙船脊，四角飞檐，三进二井布局，面阔13米，进深24米，由门厅、正厅、堂厅及两侧厢房组成宅院，三厅均为七开间单檐平屋，厢房为三开间宅屋，堂厅脊檩为双梁，下梁雕有精美图案，花岗岩石台基。2010年1月被公布为连山县第三批文物保护单位。

御外名将

杨愈将，自幼喜习武，11岁考取武生，30岁考取武举人，31岁进京会试，以营把总（清九品试官）录用，以后逐年升迁，先后任三江口协右营投标，三江协左营外委、千总，三江口协右营二司把总，南雄协右哨头司把总，南韶连镇标右哨千总、右营守备，广东陆路提标左营守备，南韶连镇中营游击，永安营都司。清道光二十年（1840年），奉调带兵在沙角炮台防守，身受重伤，两广总督赏银二十两回营医治。清道光二十二年（1847年）朝廷再次恤赏银三十两。授黄冈协中军都司、副将。清道光二十七年（1847年）调广州协左营都司，广东儋州游击。去世后葬鸡洞冲，因被人盗墓，后

○ 杨愈将画像（杨年木 摄）

移葬于鸦雀（拓）山。

1990年杨愈将墓被公布为连山县第一批文物保护单位，管理小组将其修复一新，同时又修复了杨愈将画像，并于2016年将画像与杨愈将的腰刀捐予虎门"鸦片战争博物馆"。

宗祠门楼

杨愈将宗祠，2013年重修。厅左右墙对联："念先人型式庄严兄友弟恭克绍衔鳣世德；期后裔诗书砥砺父慈子孝相承饲雀家风。"现存门楼3座，2011年重修。首座悬挂"乡进士第"牌匾，二进门悬挂"游击第"牌匾，均为清咸丰二年（1852年）杨愈将所立。

"游击第"牌匾（杨年木摄）

链接

新屋村位于清远市连山壮族瑶族自治县福堂镇，距县城约30千米，位于县正南面。福堂镇居民有壮族、瑶族、汉族，其中壮族、瑶族占总人口的51%。福堂镇主导产业有有机稻、生姜、淮山、竹笋、麻鸭、生猪等生态农业，天鹅湖、壮寨风情、莫朝玉将军纪念馆等风情生态旅游。

（供稿：李凯；复核：植成业）

新屋村村貌（连山壮族瑶族自治县史志办供图）

广东特色建筑

祠堂 书塾

两塘公祠·广州市番禺区

石楼镇大岭村

△两塘公祠

两塘公祠

两塘公祠是纪念大岭村陈氏八世两塘的祖祠，位于大岭中约中兴街永康巷，始建于明永乐年间。清光绪年间曾重修一次，头门是花岗岩白麻石和青砖砌建，后二进沿用明代建筑特色重修。

该祠坐东北向西南，三进三间，硬山顶，占地面积1686平方米。外墙用蚝壳砌筑而成，正脊以灰塑为装饰。梁枋以木雕装饰，前座以砖雕、石雕为装饰。头门两侧樨头保留着精美的砖雕。砖雕灰塑木雕装饰上的飞龙舞凤、花鸟虫鱼栩栩如生，为宗祠平添了许多古雅的意韵。公祠门口有楹联"颍川世泽，大岭家风。"

亿万蚝壳成一墙

两塘公祠的一大特色是墙体以密密麻麻的蚝壳整整齐齐地垒就，墙身高9米，墙体厚约60厘米，每平方米至少需蚝壳1000只以上，共计要使用蚝壳数亿只，其气势让人赞叹不已！

蚝壳墙

◎两塘公祠檐下木雕

百年菩提独一树

两塘公祠门前有一棵同期种植的菩提树，至今已有几百年的历史。树高超过15米，直径有1米，树冠覆盖面约60平方米，是今番禺区内树龄最长、树形最大的菩提树。

链接

大岭村位于广州市番禺区石楼镇西北部，面积约3平方千米。距离市区15千米，石楼镇中心城区约3千米，地理位置优越，交通便利。大岭村风景优美，村落布局良好，历史遗存丰富，传统建筑精美，有显宗祠、龙津桥、大魁阁塔等特色古建筑，2007年被评为中国历史文化名村。

◎两塘公祠及旁边的菩提树（刘凤英摄）

（供稿、复核：番禺区地方志办）

曾氏大宗祠·深圳市宝安区

沙井街道新桥社区

◎ 曾氏大宗祠（宝安区史志办供图）

御赐宗祠　诗书传家

曾氏大宗祠始建于清乾隆年间，清嘉庆三年（1798年）扩建。宗祠坐西北朝东南，为五开间三进深布局，由前堂、牌楼、中堂、后堂和前中后庭院天井、左右重檐歇山亭、花厅等组成，面宽21米、进深50米，占地面积1050平方米。前堂为五间，前后檐廊，四塾台式样，大门口顶部镶有镌刻"曾氏大宗祠"字样的红石大匾额，楹联"天下斯文宗一贯；古今乔木第三家"。联语说的是先圣曾参，因为曾参在孔门弟子中排位第三，其后人便自称"乔木第三家"。据说居住在这里的曾姓后人崇尚诗书传家，仅清朝时便出过7个进士、数十个举人和秀才，祠前现存的10多对旗墩，便是当时族中子弟中举或升官时升旗庆贺留下的遗迹。

◎ 大学堂（宝安区史志办供图）

"大学家风"牌楼背面（宝安区史志办供图）

"大学家风"楼牌

祠门两侧有一米高雕花饰纹图案红砂岩枕石一对，造型别致。再回眸上望，大门内上方挂着"诗礼传家"牌匾，以示曾氏历代对学识孜孜不倦的追求。天井前立有石牌坊，由雕工细腻的花岗岩砌筑而成，这是清嘉庆年间为了表彰新桥曾氏而御赐兴建，坊上横额楷书"大学家风"四字。

整个石牌楼设计独特，造型高雅庄重，浮雕上的文臣像和云鹤展翅图，有鹤鸣九皋腾达之寓意，用料讲究，做工精巧，栩栩如生，历经200多年依然丝毫无损，坚固如初。中堂有天井，左右为廊庑，后堂为祖堂，供奉着宝安曾氏始祖曾仕贵以来的历代祖先牌位。祠堂内有各色各样的彩色壁画和灰塑，以山水人物和动植物为题材，活灵活现，造型、做工精美。

曾氏家训（宝安区史志办供图）

链接

新桥社区位于深圳市宝安区沙井街道，东至公明玉律社区，南邻新二社区，西靠塱岗社区，北至松岗谭头社区，面积约12.7平方千米。社区目前建筑以工、商业用途为主，高楼林立。

（供稿、复核：宝安区史志办）

麦氏大宗祠·深圳市光明区

马田街道合水口社区

○ 麦氏大宗祠（光明区史志办供图）

六社麦氏总祠

麦氏大宗祠始建于明弘治年间，是合水口乃至周边的薯田埔等六个社区麦氏家族的总祠。该祖祠现存主体结构为清代风格，并保留了明代建筑布局和部分建筑构件。

宗祠面阔五间，深四进，两塾门堂，门堂后有四柱三间，石牌楼一座。建筑主体由砖、石、木等建造，是一座集灰雕、石雕、木雕和彩绘装饰于一体的岭南风格传统祠堂建筑。占地面积1133平方米，建筑面积938平方米。据说，宗祠门前左侧过去有八九棵松柏树，其中有一棵笔直挺拔，高约20米，好像插在船上的风帆，这棵松柏树在"文化大革命"时被砍掉。

宿国流芳

天井前面竖立造型别致的花岗岩大牌坊，上面雕刻着"宿国流芳""入孝""出悌"等字词，是为纪念被隋炀帝封为"宿国公"的始祖麦铁杖；牌坊上有刻字记载该祠曾于1912年重建。1997年再次重修，重修祠仍保持着古朴典雅的风格。

宗祠大门对联为"长江源远；古柏

○ "宿国流芳"大牌坊（光明区史志办供图）

宗祠屋顶一角（光明区史志办供图）

根深"；中堂楹联是"南溪源远流长一脉三支支支盛；古柏根深叶茂千秋万代代代兴。""一脉三支"指的是麦铁杖生有三子，长子孟才，次子仲才，三子季才。其中，九世祖麦南溪于明永乐二十一年（1423年）由东莞长安迁徙至合水口，至今已有近600年历史。

宗祠门前砖墙下半部分用红石垒砌、八角形红石柱，名贵格木大圆柱挺立，格木作梁架，梁梁相托，雕龙刻凤，檐口彩绘民间故事、花草树木，栩栩如生。

| 链接 |

合水口社区位于深圳市光明区马田街道。社区面积4平方千米，有3个自然村。《麦氏族谱》显示，合水口开基始祖麦南溪于明永乐二十一年迁至合水口开基立村，逐渐繁衍成为公明最大的麦氏家族聚居地，其后代子孙分布周围各地。

（供稿、复核：马田街道办）

宗祠砖墙（光明区史志办供图）

菉猗堂及建筑群·珠海市斗门区

斗门镇南门村

菉猗堂及建筑群（斗门区地方志办供图）

菉猗堂

菉猗堂及建筑群，包括菉猗堂（赵氏祖祠）、逸峰赵公祠、崑山赵公祠三座祠堂，均为宋太祖胞弟赵匡美后人为祭祀先祖而建。菉猗堂及建筑群于1994年被公布为珠海市文物保护单位；2008年被公布为广东省文物保护单位。三祠总建筑面积1643.69平方米。祠堂间以巷道相隔，每祠三进三间，中间夹天井或庭院，左右虎廊，中轴对称布局，穿斗与抬梁混合构架，硬山顶，镬耳或人字形封火山墙，绿釉琉璃瓦当、滴水；建筑上大量使用石雕、砖雕、木雕、陶塑、泥塑、壁画等作装饰。菉猗堂现存蚝壳墙共277.35平方米，墙厚65厘米，蚝壳整齐排列，成行叠砌，是研究南方古代建筑材料及建筑工艺不可多得的实物建筑。

菉猗堂又称赵氏祖祠，始建于明景泰五年（1454年），历代曾有几次重修，最近一次重修是1997年。建筑坐东向西，三间三进，中轴线左右对称，北有厢房，后有围墙。抬梁与穿斗混合木架构，硬山顶，龙舟脊，镬耳山墙，红砂岩墙脚、青砖框蚝壳墙、素胎瓦当、滴水，雕花封檐板，祠内外有石雕、木雕、灰塑等饰物。头门置木刻"赵氏祖祠"匾及"菉瞻淇澳；猗颂商那"楹联。

赵氏祖祠（斗门区地方志办供图）

◎逸峰赵公祠（斗门区地方志办供图）

◎崑山赵公祠（斗门区地方志办供图）

世寿堂

逸峰赵公祠又称世寿堂，位于菉猗堂南侧，奉祀南门村赵氏九世祖赵逸峰。始建于明代晚期，原为蚝壳墙，1928年重建改为砖墙。坐东向西，三间三进，中轴对称。抬梁与穿斗混合式木架构，硬山顶，博古脊，石脚青砖墙，绿釉瓦当、滴水，祠内外有石雕、砖雕、木雕、灰塑、壁画等饰物。花岗石行书阴刻楣额"逸峰赵公祠"。祠左右设巷道，巷道出入口分置大理石刻隶书匾额"云路""天衢"，砖雕周边护匾。楹联"世承三派；寿锡九畴"。

世德堂

崑山赵公祠又称世德堂，位于逸峰赵公祠南侧，奉祀南门村赵氏九世祖赵崑山。始建于清光绪十九年（1893年），坐东向西，三间三进，南侧有副祠三进。硬山顶，博古脊，绿釉瓦当、滴水；石脚青砖墙，花岗石门框，行书阴刻楣额"崑山赵公祠"。祠内外有石雕、木雕、灰塑、壁画等饰物。主体建筑与副祠间设巷道，花岗石行书阴刻巷道入口楣额"云衢"。楹联"世承美奂；德溯祥符"。

蚝壳墙（斗门区地方志办供图）

链接

南门村位于珠海市斗门区斗门镇黄杨山下。2014年，入选"中国十大最美乡村"。2015年，被广东省旅游局评为广东省旅游名村、被中央精神文明建设委员会评为全国文明村镇、被国家旅游局评为首批中国乡村旅游模范村。

（供稿：斗门区地方志办；复核：珠海市地方志办）

潘氏大宗祠·佛山市南海区

西樵镇村头村

潘氏大宗祠（何建波摄）

潘氏大宗祠

潘氏大宗祠为佛山市文物保护单位，是村头村现存规模最大的古建筑。始建于清乾隆二十六年（1761年），清咸丰四年（1854年）扩建东西衬祠，同时加建约16米高的后楼；2013年重建后楼，高约25米。祠堂坐西南向东北，广三路，中路三间三进。门前有开阔的广场，外侧竖有十余对旗杆夹石。大宗祠天井两边有回廊和便门，分别通往东西衬祠。西衬祠内设有游客接待中心和村史文化馆，正厅横梁悬挂的牌匾刻"世德堂"三个鎏金大字。

精美装饰

宗祠内的砖雕、石雕、木雕、壁画等丰富精美，制作技艺不凡。头门门楣上方绘有青龙腾云图；直梁三步梁架，木雕人物故事柁墩，

设于西衬祠的村史文化馆（西樵镇政府供图）

横梁石雕（西樵镇政府供图）

龙形、花鸟等图案精致繁多。其中有凤凰瑞鸟图案，寓意天下太平、国泰民安；有木雕"麟吐玉书"、石雕对狮等，表达着潘氏族人追求幸福生活的美好愿望。

穿过潘氏大宗祠大门，可以看到一个宽阔的内明堂，在光线的折射下，雕梁画栋熠熠生辉。祠堂前

《岁寒三友图》壁画（西樵镇政府供图）

厅两侧的高墙上，有两幅古画，为清咸丰四年的作品，虽然经历了100多年的沧桑，但其高超的画工仍令人感叹。其中一幅《岁寒三友图》，画中两只喜鹊相依于松树干上，意趣盎然。

镬耳墙

该祠的镬耳封火山墙古雅、简洁、富丽。镬耳墙是岭南建筑传统美感的体现，还具有防火作用，高耸的山墙可挡住火势蔓延。另外，在岭南炎热的气候环境中，还可起到调节局部微气候的作用，季候风吹来时，高耸的山墙可挡风进巷，形成穿堂风，使室内保持清爽。

链接

村头村位于佛山市西樵镇百西社区。元（后）至元四年（1338年），潘道生四兄弟迁至南海县江浦司百滘堡古黎村北面村头定居，成为村头村潘氏始迁祖。除潘氏大宗祠外，村中还有祥斋祖祠、仲宣祖祠、文武庙、六祖古庙等历史建筑，清代铁屎墩冶铁遗址和4口古井等历史遗迹。有关帝诞、六祖诞等特色活动。2012年5月，村头村被评为广东省历史文化名村。

（供稿：南海区地方志办；复核：佛山市地方志办）

潘氏大宗祠镬耳墙（西樵镇政府供图）

黎氏大宗祠·东莞市

中堂镇潢涌村

◎ 黎氏大宗祠（东莞市地方志办供图）

宗祠渊源

黎氏大宗祠始建于南宋乾道九年（1173年）。相传，潢涌黎氏始祖黎宿割肉侍母的孝义之举闻达于宋帝，嘉封其家门"孝义"，赐官"朝议大夫"，赐建"德本"牌坊。黎宿用赏银建祖祠，以祭祀祖先，称为"黎氏大宗祠"。此后，潢涌黎氏后裔每年在大宗祠举行春秋二祭，以感恩祖先，传承"孝义""德本"。

精美灰雕

黎氏大宗祠建于龟形地块上，祠堂布局形似乌龟，即俗传的龟地。大宗祠天井间墙头上均有精美灰塑装饰，如"岳母刺字""杨香扼虎"等，多以山水、花卉、瑞兽、民间故事等为题材。头进、二进墙裙壁画将绘画、书法融入建筑艺术中，壁画与灰塑交相辉映。

◎ 精美灰塑（东莞市地方志办供图）

宗祠头进（东莞市地方志办供图）

宗祠中进（东莞市地方志办供图）

三进一园

头进前檐挂有"德本"匾额，后檐挂有"少司寇"匾额。地面两边筑有双包台。门前挂有清乾隆进士、翰林学士黎溢海撰写的对联。

中进"忠孝堂"匾额为明代探花陈子壮所书，意为纪念先辈"忠孝"之品格以启迪后人。此进为三间大厅，用于祭祀、聚集或议事。后进为祭堂，祖先牌位供奉在神台上。祭堂两侧各立一块石碑"东莞黎氏祠堂碑记"，碑文由宋、元、明三朝6位贤达撰写。古碑立于明永乐年间，是东莞地区少有的历史碑刻。

宗祠后进（东莞市地方志办供图）

大宗祠后墙东边和西边分别有"迎日"和"抱月"二门，步出门口便是"荫后园"。园内有荫后池、日月轩、铭心廊和后门楼等建筑物，构成一处处园林小景。

链接

潢涌村位于东莞市中堂镇北部，北隔东江与广州相望，南距东莞市区8千米，西靠国道G107线。2017年，潢涌村获评第五届全国文明村镇。

（供稿：中堂镇政府；复核：东莞市地方志办）

荫后园（东莞市地方志办供图）

陈氏宗祠群·中山市

南朗镇茶东村

陈氏宗祠群（南朗镇党政办供图）

同姓宗祠群

陈氏宗祠群位于中山市南朗镇茶东村。据清乾隆二十一年（1756年）手抄本《陈氏族谱》记载：明初建有里仁祖家庙，明代中期始建陈氏宗祠，清顺治九年（1652年）海盗进村抢掠，烧毁宗祠，至清康熙七年（1668年）重建。后陆续在其侧建有贡三陈公祠、净溪陈公祠、筠溪陈公祠等宗祠。陈氏宗祠在清雍正、乾隆、嘉庆年间多次重修。现为清道光年间重修后的祠院，保留着明末清初的建筑风格。该宗祠与贡三陈公祠、净溪陈公祠等连成一片，均为硬山式龙船脊，砖木结构，组成陈氏宗祠群。

一字排开的陈氏宗祠（南朗镇党政办供图）

宗祠屋脊（南朗镇党政办供图）

宗祠内饰

陈氏宗祠建筑群占地面积约2500平方米，建筑面积约1500平方米，三进三间布局，置有雨廊、偏厢、天井等，门楼为四柱三间单檐建筑，形似戏台。前座花岗岩石台基的护栏上，砌有博古纹阳刻花岗石雕栏板、隐八仙等石刻浮雕础板等构件，做工精细。门楼的花岗岩石镂雕抬梁为狮子托花卉祥云，门楼台花岗岩石柱的柱础为海浪纹饰雕。整座宗祠均为穿斗抬梁混合架构，木雕精妙绝伦，多为历史典故和龙头镂雕。二进的楼台护栏有阳刻双龙戏珠花岗岩石雕和花岗岩石狮子望柱。二进正梁上悬挂有"星聚堂"木匾一块。该宗祠旁的贡三陈公祠和净溪陈公祠，均为三进二间，建筑面积各为350平方米。

陈氏宗祠大门（南朗镇党政办供图）

半字御笔

相传，陈氏曾请求皇帝为他们新建的宗祠御笔题写一个"陈"字。皇帝答应了，转身却闹了个糊涂，把他们的姓氏记错了，结果把"陈"字写成了"陆"字。连姓也写错，当然不能用，但到底是御笔，也舍不得扔掉。经过反复商议，决定只用它的部首"阝"。再另请书法家补上偏旁"东"，所以过去的陈氏宗祠匾额上的"陈"字有一半是皇帝笔迹。

链接

茶东村位于中山市南朗镇，占地面积约3.6平方千米。拥有陈氏宗祠建筑群、"东来圩"遗址、清代茶东公园和武帝庙等名胜古迹，其中陈氏宗祠迄今已有400年历史。

陈氏宗祠群俯瞰（南朗镇党政办供图）

（供稿：梁家恒；复核：中山市地方志办）

李氏宗祠古建筑群·阳江市阳春市

岗美镇隆岗村

崧台李公祠（岗美镇政府供图）

崧台李公祠

崧台李公祠始建于清乾隆二十一年（1756年），是后人为了纪念李惟扬而建，民国初期和1991年曾重修。该祠为青砖、瓦木结构，是一座二进三间悬山顶式古建筑。长43.5米，宽14.6米，总建筑面积为635.1平方米（含围堂）。围堂两侧建有两座红门牌坊，牌坊上灰雕"干城""武弁"字样。

擎柱李公祠

擎柱李公祠始建于清雍正四年（1726），是后人为了纪念李惟扬的父亲李成玉而建，1911年曾重修。该祠为青砖、瓦木结构，是一座三进三间悬山顶式古建筑。长56米，宽14.6米，总建筑面积为817.6平方米（含围堂）。该祠围堂两侧建有两座红门牌坊，牌坊上灰雕"敦伦""纬武"等字。位于擎柱李公祠右边的元帅府遗址是李惟扬出生地方，于清同治六年（1867年）三月初六被土匪放火焚烧，仅存平房一间及一堵3米多高的墙垣。

李惟扬牌坊

李惟扬（1684—1760），字修光，号崧台。清康熙五十年（1711年），李惟扬参加广东武科乡试，中头名，登解元。翌年参加京都会试，中进士。殿试得武科一甲第二名，荣登榜眼及第，钦点御前四品带刀侍卫。李惟扬牌坊是后人为纪念李惟扬于2000年修建的，牌坊两侧书隆岗村的代表性楹联"隆中论文可安邦仰我先贤垂青史；岗前演武能定国看吾后秀著华章"。牌坊上书"隆岗李惟扬故居"。

"李惟扬"牌坊（岗美镇政府供图）

链接

隆岗村位于阳江市阳春市岗美镇东南部，距离镇政府2千米，面积0.55平方千米。始建于清初。村中传统民居为广府民居，现存20座，均建于清代，占地面积86000平方米。

红门牌坊灰雕——纬武（岗美镇政府供图）

（供稿：林凡竣；复核：阳春市地方史志办）

隆岗村村貌（岗美镇政府供图）

谢氏宗祠·阳江市阳春市

岗美镇水寨村

◎ 从左至右为谢氏宗祠、介川公祠、御六公祠（岗美镇政府供图）

亦塾之祠

谢氏宗祠是岗美镇保存完好的一座文物古迹，2004年被公布为县级文物保护单位。该祠始建于明万历十四年（1586年），原是一座三进五开间加四廊悬山顶式古建筑，斗拱结构，木雕精美，人物、花鸟、山水雕刻栩栩如生。总占地面积1100平方米。清光绪二年（1876年）重修，缩小前一进，现为一座二进五开间加两廊悬山顶式建筑，占地面积700平方米，重修时对屋脊、屋顶进行过翻新，两廊靠墙的四根支柱改换成水泥柱。由于水寨谢氏一直十分重视教育，谢氏宗祠一度被用作私塾场所。

◎ 谢氏宗祠（岗美镇政府供图）

谢仲埙"岁贡""明通进士""文魁"牌匾（岗美镇政府供图）

介川公祠、御六公祠

水寨村还有两座建于清代的宗祠，一座为介川公祠，一座为御六公祠。这两座宗祠与谢氏宗祠一字排开，背后约200米处有20多座清代古屋，古色古香，古朴自然。

"明通进士"

谢仲埙（1702—1777），广东乡试第一名，登解元，清雍正五年（1727年）京都会试登明通进士。先后在湖南常宁、平江、耒阳、衡阳、衡山、松滋、先化县任知县，在道州、靖州、郴州等地任知州。清乾隆十六年（1751年）升任永顺府通判，调任荆州通判。在荆州任内，办理归州盗案有功，受皇帝诏见。为官廉明，功绩卓著。

链接

水寨村位于阳江市阳春市岗美镇东部，距离镇政府9千米。始建于明弘治年间，谢姓祖先谢爱月从阳江峒塘迁此建村。

水寨村村貌（岗美镇政府供图）

（供稿：林凡竣；复核：阳春市地方史志办）

吴氏宗祠·湛江市雷州市

英利镇青桐村

○ 刚栗公祠拜月楼正面（雷州市党史市志研究室供图）

○ 刚栗公祠山门（雷州市党史市志研究室供图）

两进两祠

吴氏宗祠由刚栗公祠和吴简公祠组成，均坐北朝南，建筑面积分别为1215平方米和1100平方米。两座祠堂皆为两进院落。整体为砖木结构，部分亦用青石。

刚栗公祠

刚栗公祠山门高大，门口设有一对大石鼓，门前走廊立有两支方形石柱、石础及托槎，工艺精湛。进门大厅宽敞，设屏风门与庭院隔开。庭院左边设有圆月门，上书"云衡"二字。跨过圆月门，进入拜月楼庭院。拜月楼建筑采用古典园林借景手法，透过窗户可观赏各种奇花异草。

祠堂正殿和进深都不大。灰塑、壁画、石雕和木雕工艺具有很高的研究和欣赏价值，祠堂后进前院墙全都用青石块干砌成，不用灰砂浆砌结，石砌工艺水平很高，就算屋内灯火通明，外面也看不到一丝亮光，可以说是精确到针插不进的程度。

○ 吴氏宗祠鸟瞰（雷州市党史市志研究室供图）

○屋顶灰塑（雷州市党史市志研究室供图）

○刚栗公祠圆月门（雷州市党史市志研究室供图）

吴简公祠

吴简公祠是吴姓二房七世孙吴远演营造的家祠，位于刚栗公祠正南方，两祠相距约十步。其建筑面积约1100平方米，主体也为两进院落，建筑规模与工艺可与刚栗公祠相媲美，营造时间稍晚于刚栗公祠。

○吴简公祠内景（雷州市党史市志研究室供图）

链接

青桐村位于湛江市雷州市英利镇东北部，距镇政府8千米。村庄被青山环抱护卫，村里桐树苍翠茂盛，因而得名青桐村。

（供稿、复核：雷州市党史市志研究室）

○青桐村村貌（雷州市党史市志研究室供图）

莫氏宗祠·湛江市雷州市

白沙镇东岭村

◎ 莫氏宗祠（雷州市党史市志研究室供图）

南洋支裔共祖宗祠

莫氏宗祠始建于明代，为明末清初真腊（柬埔寨）、安南（越南）著名华侨领袖，越南河仙镇的开拓者莫玖的祖祠。该祠坐北向南，为四进四庭院硬山顶砖木结构，面阔19.25米，进深69.92米。全部建筑沿中轴线布局，每进设有左右厢房。三进中堂为木楼结构二层建筑，内祀梓童公、观音。四进为四木柱斗拱木梁架结构，左右耳房。规模较大，具有明代建筑风格。

碑刻宝地

祠内保存有明万历年间的《莫亚崖七十八岁像》石碑，举人柯时复撰的《莫公像赞》，明嘉靖进士、南京礼部尚书王宏海撰写的对联，以及知雷州府事叶修、海康县知县何复享等撰写的"海康莫氏族记"碑刻8通。莫氏宗祠为研究莫玖家族史及明代建筑提供了具有重要价值的实物资料。2008年被广东省人民政府公布为第五批广东省文物保护单位。

◎ 梓童阁（雷州市党史市志研究室供图）

◎四进正殿（雷州市党史市志研究室供图）　　◎二进殿（雷州市党史市志研究室供图）

| 链接 |

　　东岭村位于湛江市雷州市白沙镇西部，距离镇政府7千米。该村坐落于南渡河中游北岸，村前为一马平川的雷州东西洋，村后是挺拔俊秀的飞鹅山与陈处山（也称牧牛坡）。

◎正殿梁架（雷州市党史市志研究室供图）

◎莫氏宗祠鸟瞰（雷州市党史市志研究室供图）

（供稿、复核：雷州市党史市志研究室）

雷祖祠·湛江市雷州市

白沙镇白院村

雷祖祠入口牌坊（雷州市党史市志研究室供图）

盛唐遗祠

雷祖祠位于白院行政村的英榜山，始建于唐贞观十六年（642年），是纪念唐代雷州首任刺史陈文玉的祠堂。占地面积1.2万平方米，祠内文物丰富，有五代时期的石人，宋代名人寇准、苏轼题碑，清乾隆皇帝御匾，历朝碑刻30多通。祠由山门、正殿、侧殿、后殿、东西庑、钟鼓楼、碑廊等建筑组成，主体建筑为硬山顶梁架结构，举梁平缓，前檐出檐极宽，建筑风格独特，富有地方特色。1986年被国务院公布为第四批国家重点文物保护单位。

英山胜景

祖祠依山势而筑，坐北向南，背依英山，面临一望无垠的良田，九曲南渡河水绕经祠前田畴，擎雷山脉为前案，仕岭为护案，自然空间广阔，任由雄鹰翱翔，气势雄伟，古称"英山胜景"。

◎雷祖祠山门（雷州市党史市志研究室供图）

祖祠沿中轴分别是山门，庭院钟鼓楼、左右廊房，正殿，后殿与左右碑廊，顺山势递进。二进拜亭的正面额头悬挂清乾隆御笔摹书"茂时育物"。亭的两边草上放置着五代雕刻的4个拱手跪着的石人。

岭南第一祠

大殿的结构呈倒平"凸"字，墙体厚80厘米，主殿为四柱23架抬梁穿斗结

◎ 五代石人（雷州市党史市志研究室供图）

构，举架平缓，前廊出檐七架梁（7米），具南方建筑的典型特色。后殿供奉太祖陈鉷，为单开间砖木结构硬山顶，门额书"太祖"，左右窗户雕刻镂空龙纹，龙角纹翘屋脊。雷祖祠是粤西一大名胜，建筑模式独特，各进建筑错落有致，被称为"岭南第一祠"。

链接

白院村位于湛江雷州市白沙镇东南部，距镇政府1.5千米。村庄后靠英山，前有南渡河，雷祖祠坐落村中，河水和青山环抱，古树苍翠茂盛。

后殿（雷州市党史市志研究室供图）

（供稿、复核：雷州市党史市志研究室）

彭凤岗公祠·茂名市化州市

新安镇曲径村

○ 彭凤岗公祠新貌（化州市旅游局供图）

▎彭凤岗公祠 ▎

彭凤岗公祠又名曲径封诰楼，位于曲径小学内，坐北向南，背依四时披绿的石奔埇，面向终年滴翠的凤凰岗。始建于清咸丰九年（1859年），是清咸丰帝赐给"满门忠烈"彭凤岗、彭仲芳、彭禹门的纪念祠。彭凤岗（1711—1788），受封为中议大夫和文林郎；彭仲芳（1785—1853），湖北罗田县知县，以身殉职后追封中议大夫；彭禹门为彭仲芳之子，在战争中立功，晋升继任罗田县知县，奉旨归家建祠纪念，题书"奉天诰命"。清咸丰十一年（1861年），封诰楼和内院的三进祠堂（占地2000平方米）同时竣工。

▎奉天诰命 ▎

封诰楼整体为砖木结构，分上下两层，面阔五间，深一进，楼高16米，通面阔21.4米，通进深14米，占地面积299.6平方米。该楼重檐四脊四坡瓦盖揭角，正脊二龙戏珠，胁脊分级翘起，上级神龙穿云，下级麒麟俯地，翼墙灰塑蝠鼠吊花篮，神态各异，栩栩如生。首层横挂"凤岗公祠"额，三垮砖拱，中厅作通道，厢房通联。前后设廊，砖柱支撑，廊顶架元木雕兽

○ 封诰楼旧貌（化州市地方志编纂委员会办公室供图）

○ "奉天诰命"牌匾（化州市旅游局供图）

作枕，墙壁绘二十四孝图，鸟兽人物，工艺精细。二层高悬"封诰"匾，楼高6.5米，四面回廊，12条朱柱支撑，中厅、旁厅三厅并列。"奉天诰命"的金匾挂于中厅门楣，"奉天诰命"的石碑嵌在中厅正壁上，石碑烫金雕龙，以汉、满两种文字分刻两端。

1986年，封诰楼被化州市人民政府公布为第一批文物保护单位。1994年，化州市人民政府拨款对其进行维修。1998年，被茂名市人民政府公布为茂名市文物保护单位。

| 链接 |

曲径村位于茂名市化州市新安镇南部。辖14个村民小组，总面积7.71平方千米，耕地面积231万平方米，主要种植水稻，特色经济作物有黄皮、香蕉。

（供稿、复核：化州市地方志编纂委员会办公室）

封诰楼脊雕（化州市地方志编纂委员会办公室供图）

覃氏宗祠·肇庆市端州区

黄岗街道河旁村

覃氏宗祠（郭剑泉摄）

南宋立祠

覃氏宗祠始建于南宋嘉定二年（1209年），重建于2007年，占地面积950平方米，坐北向南，布局两进两厅四厢，宗祠门前立一对汉白玉石狮子，分左、中、右三对大门，中门上方挂"覃氏宗祠"大匾。屋顶采用青瓦铺设，四角翘檐，山墙采用青砖砌筑，室内采用砖木结构，气势宏伟。

覃氏宗祠大门有楹联"群侯著绩；宋代流芳"；内大堂有楹联"门对千里长河一天星斗；户开万载远山百代人文"。宗祠内有木匾额"成均进士"，书于宋代。宗祠内有举人旗杆夹石，为清宣统元年（1909年）覃鎏中举人后立。另有碑刻"重修小宗祠碑记"，刻于清康熙五十八年（1719年），陈述重修小宗祠的经过和时间。

举人旗杆夹石（梁永平摄）

"成均进士"匾额(梁永平摄)

| 链接 |

　　河旁村位于肇庆市端州区黄岗街道东南部,现为城中村,地处西江河畔。该村临近G80广昆高速、广佛肇城轨和广佛肇高速,被列入肇庆市建设规划。传统民居为广府民居,现存200座。

（供稿、复核：端州区史志办）

河旁村村貌（周忠明、黄小云摄）

梁氏宗祠·肇庆市鼎湖区

坑口街道蕉园村

梁氏宗祠（鼎湖区地方志办供图）

鼎湖山主故居

梁氏宗祠始建于明成化六年（1470年），历代多次修建，至今仍保存着完好的清代风格。由于蕉园村梁姓第九代梁少川捐赠鼎湖山"虎窝"地用以兴建庆云寺，梁少川被庆云寺认作鼎湖山主，因而梁氏宗祠又名"鼎湖山主故居"，2008年梁氏宗祠被公布为肇庆市文物保护单位。

"绩著通州""恩荣奕世"牌坊

梁氏宗祠坐西向东，初建两进，一排五间。经数次重修，现存三间四进，砖木结构，硬山顶，灰塑博古脊。立四柱三门牌坊一座，牌坊正面阳雕"绩著通州"，为颜体楷书；牌坊背面阴雕"恩荣奕世"楷书。回廊卷棚顶，石柱大梁，壁画灰雕。

○ 梁氏宗祠牌坊正面（鼎湖区地方志办供图）

○ 梁氏宗祠牌坊背面（鼎湖区地方志办供图）

| **"对策魁多士，兮符牧远州"** |

檐前一对扭头石狮子，大门口用白石镶嵌，气势雄浑。门口楹联"对策魁多士；兮符牧远州"，始为清代肇庆名士彭泰来所撰，后毁损，现存为复制件。

| **链接** |

蕉园村位于肇庆市鼎湖区坑口街道中部偏北，背靠鼎湖山，三茂铁路、旧国道G321线分别从村前经过。20世纪80年代前，蕉园村是传统的产粮区，以种植水稻为主。80年代末鼎湖区成立后，随着城市化快速发展，大量农田被征用，经济呈现多元化发展。

（供稿、复核：鼎湖区地方志办）

○ 蕉园村村貌（鼎湖区地方志办供图）

闻乔曾公祠·肇庆市四会市

罗源镇铁坑村

闻乔曾公祠（四会市博物馆供图）

曾公祠建筑群

闻乔曾公祠始建于清乾隆年间，坐东南向西北，为三间两进式祠堂，面阔12米，进深21米，占地面积252平方米。闻乔曾公祠是四会古建筑，为肇庆市（县）级文物保护单位曾公祠建筑群的代表性建筑。

饮中八仙图

曾公祠具有明显的岭南特色，砖木结构，硬山顶，灰塑博古脊，人字封火山墙。门额阳刻"闻乔曾公祠"大字，墙楣有"饮中八仙图""紫官寻母图"等多幅壁画，栩栩如生。

"闻乔曾公祠"牌匾（四会市博物馆供图）

○ 灰塑博古脊（四会市博物馆供图）

○ 雀替、虾公梁上石狮子（四会市博物馆供图）

精美雕刻

头门石檐柱，雀替、虾公梁上石狮子，异型花卉斗拱隔架，木雕柁墩承托三步梁架，檐板木雕以石榴、瑞兽、花鸟等作为吉祥纹饰图案。灰塑神龛，古朴精致，石雕和灰塑工艺精细。

○ 木雕檐板（四会市博物馆供图）

链接

铁坑村位于肇庆市四会市罗源镇四清公路旁，地处四会市罗源镇与地豆镇交界地带。新旧四（会）清（远）公路贯穿南北，交通方便。

○ 异形花卉斗拱隔架（四会市博物馆供图）

（供稿、复核：四会市党史方志办）

○ 铁坑村村貌（四会市党史方志办供图）

莫氏大宗祠·肇庆市德庆县

悦城镇罗洪村

◎ 莫氏大宗祠（德庆县地方志办供图）

明清建筑风格

莫氏大宗祠始建于明隆庆五年（1571年），清乾隆三十六年（1771年）重建。坐西北向东南，砖木混合结构，总面阔13.7米，总进深38.5米，占地面积527.45平方米。原广三路，存青云巷，现存二路（左路已拆）。祠三开间三进，头门面阔三间，明间有屏门。石门额阴刻"莫氏大宗祠""乾隆三十六年"。后

◎ "岭南始第"牌匾（德庆县地方志办供图）

堂面阔三间，深三间十三架，两根方形石檐柱，四根圆木金柱，梁架、柁墩、斗拱托架雕刻精美花卉图案。其建筑布局、中堂石柱础保留明晚期的建筑特征，中、后堂梁架有明显的清中期建筑特征。中华人民共和国成立初期作小学校舍，现仍作宗祠使用，并开放供游客参观游览。

精美花卉图雕刻（德庆县地方志办供图）

"岭南始第"

莫氏大宗祠内有代表性牌匾——"岭南始第"。该牌匾立于清乾隆三十六年（1771年），现存于莫氏大宗祠的中厅。

此外，莫氏大宗祠内还保存有一块完好的碑石，该碑石记述岭南第一位状元莫宣卿的第十五代裔孙莫毓芳到罗洪设馆授徒，并在此安家落户的故事。

链接

罗洪村位于肇庆市德庆县悦城镇西部，距离镇政府约7千米。附近有杉坑顶、大平顶、笑天狮山和罗洪水库。

梁架（德庆县地方志办供图）

（供稿、复核：德庆县地方志办）

罗洪村村貌（肇庆市地方志办供图）

桂轩郑公祠·清远市清城区

龙塘镇鳌岗地村

桂轩郑公祠（龙塘镇政府供图）

嘉庆年间始建

桂轩郑公祠约建于清嘉庆年间。据《郑氏族谱》记载，郑天培，字桂轩，清乾隆年间大学士兼巡政厅长、巡理府朝议大夫。相传，桂轩郑公祠为其后人纪念郑桂轩所建。

八柱厅

桂轩郑公祠，俗称"八柱厅"，坐东南向西北，广七路深三进，左右各有青云巷相隔，前有地堂和水塘。祠堂总面阔108米，总进深34.7米，占地面积约3748平方米。建筑中部的桂轩郑公祠，分为下厅、中厅、上厅。下厅的门面处建筑风格最为鲜明，台基花岗石包边，素面门枕石，内置屏门，木梁及柁墩雕刻了精美的花鸟瑞兽图案。步架间有托脚，下有木雕花卉雀替，异形斗拱隔架，石前檐柱，虾公梁。祠中为宗祠形制，余为民居，整座建筑结构采用中轴线对称分布，厅与庭院相互结合构成大型建筑群。祠堂地堂原有郑桂轩孙子郑兆熊于清光绪二年（1876年）中举后立的旗杆夹石。现水塘已填平，地堂上的旗杆夹石已移他处。宗祠的两边东西各二路，分别为三间三进，各由三组三间两廊的民居组成。

现在有50多户人家共400多人在此居住，多为外地人租住。每逢喜庆宴席，村中的郑氏族

◎ 水彩图（龙塘镇政府供图）

人都爱在此摆酒，宴请亲朋。清远市博物馆工作人员认为，此为一处历史较为悠久、梳式布局的古村落，虽经百年的沧桑岁月，现仍保存着鲜明的清代建筑风格。"八柱厅"已被列入区级不可移动文物。

链接

鳌岗地村位于清远市清城区龙塘镇西南部，距镇政府约6.8千米，始建于清顺治年间，总面积0.31平方千米。村民主要姓氏有郑姓和江姓。

◎ 屋脊（龙塘镇政府供图）

（供稿：龙塘镇政府；复核：清城区地方志办）

朱氏大宗祠·清远市清新区

三坑镇白米埔村

朱氏大宗祠俯瞰（白米埔历史文物研究会供图）

两朝古祠

朱氏大宗祠始建于明初，后历经多次重修扩建，其现存格局成型于清代中后期。宗祠坐西北向东南，面阔三间，进深五叠，总面阔13.3米，总进深56.3米。前三进为朱氏宗祠敦伦堂，后二进为文公祠，是粤北地区现存最高大、保存最完好的宗祠之一。文公祠更是清远地区目前现存唯一的崇祀南宋大儒、思想家、哲学家朱熹的专祠，为研究程朱理学对当地的影响提供了实物资料。

宗祠为砖木结构，硬山顶，五对高大的镬耳封火山墙依次升高。祠前竖立有多座功名旗杆夹石，旗杆石夹数量为清远当地之冠，其中包括末代榜眼朱汝珍为白米埔朱氏所立的旗杆夹石。中座悬挂有"进士""文魁""武魁"等功名牌匾十数块。

○ 朱氏大宗祠旧貌（朱子怡摄）

修旧如旧

2016年9月下旬，村中成立修祠理事会，集资对朱氏大宗祠进行大规模整修，至2017年末完工。整修按照"修旧如旧"的文物修复原则进行施工，既保留了古韵，又增添了新意。

链接

白米埔村位于清远市清新区三坑镇东南部，距镇政府5千米。面积3.36平方千米，下辖16个村民小组，耕地面积1632亩，鱼塘面积1071亩。全村农业生产以优质水稻、蔬菜、名优水果种植和水产养殖为主。

（供稿：朱健明；复核：钟洁华）

○ 白米埔村村貌（白米埔历史文物研究会供图）

朝选林公祠·清远市英德市

英城街道老地湾村

朝选林公祠（英德市史志办供图）

择中而立

老地湾村现存三座清代祠堂，大致并排而列，左为黄氏私塾，右为赵氏宗祠，朝选林公祠择中而居，是其中保存最好、最有价值的一座。朝选林公祠坐西北向东南，砖木结构，三进二天井。天井以麻石砌成，雨水从天井暗道排出。头门有两根花岗岩石前檐柱，高6米，长和宽均为42厘米，柱上有石雕横梁，梁与柱上有雕花装饰，刻石精美。正门墙上画有山水、花鸟和人物耕读壁画。祠堂和民居有侧门相通，祠堂大门外阶梯以青石铺成，大门用厚近10厘米的原木板制成，内外侧分别加装经、纬方向入墙活动式圆木栓，沉重而光滑。

祠堂大门进第一间隔扇门顶正中挂有"九牧家声"匾，二进为"贻徽堂"。据祠中石刻所记，公祠曾在清道光二十一年（1841年）重修，共花费白银二千五百三十八两四钱二分，当时仅林占魁一人就出资白银二千五百二十九两二钱二分。祠堂屋顶为青瓦筒所铺就，坚固结实。屋顶两端为鲫鱼背形装饰，如同古代的学士帽。据说人可以在上面任意跑动而安然无事，如履平地。

宗祠习俗

旧时，每年的清明节、重阳节和春节等重大节日林氏族人都会在祠堂举行祭祀活动。每逢喜事，村民会在祠堂里面一起开灶烧饭、聚餐，尤其是添了男丁的家庭，会在自家门前挂个大红灯笼，"添灯"意为添丁，在次年正月初十那天在祠堂摆酒设宴庆贺。如今大家耕作忙碌，便不再设宴庆祝，但挂灯笼的习俗流传至今。

三座清代祠堂（英德市史志办供图）

链接

老地湾村位于清远市英德市英城街道西南部，距离街道办事处约6.8千米。村落形成于清朝，赵、林、黄等姓先民先后迁入老地湾而形成村落。村庄背山临江，南邻下寮村，东临北江，北接石狗山，西靠海螺山。

（供稿、复核：英德市史志办）

老地湾村村貌（英德市地方志办供图）

学发公祠·清远市阳山县

七拱镇大禾岗村

○ 学发公祠（李学森摄）

宫殿式建筑

学发公祠始建于1923年，为中西结合宫殿式的大型建筑，具有鲜明的客家建筑风格。由爱国华侨朱海均为纪念其父朱学发而建造。公祠背山面水，面宽90.8米，进深120.5米，整体建筑总占地面积10941.4平方米，分前、后座及东西两厢三部分，后座又分为主楼及东西两附楼，有182间住房。其宏大规模冠绝北江华侨建筑，外形酷似拉萨布达拉宫。

中西合璧城堡

公祠前排是平房砖木结构门楼，前排楼房属中国传统建筑模式，置七门（一正六辅），正门为中堂，辅门为侧厅。后排由四层钢筋混凝土结构主楼及两杠横屋组成，前低后高，连成一体。

公祠墙体厚70多厘米，夯筑时混合了砚壳灰、沙子、黄泥、石灰、黄糖、糯米粉等材料，坚固难破，墙上则散布着若干大小各异的枪眼、炮眼和观察孔，构成稳固的防御体系。主楼上盖桁角和封火墙，主楼的廊、柱、顶、

○ 中西合璧的辅助建筑（许明辉摄）

窗、门大量使用西方建筑样式,既有岭南传统祠堂建筑肃穆端庄、规整有序的特点,又有西方建筑的浪漫气息。楼顶还设有平台,中路平台顶部的装饰图案又有伊斯兰建筑的神韵,十分精美独特。

历史文化积淀

宗祠建造者朱海均是马来西亚地摩埠、金保埠工商业巨子。1936年学发公祠落成时,朱海均荣归故里,并借此机会邀请清远籍前朝翰林院编修、榜眼朱汝珍总纂《阳山县志》。1937年"七七事变"后,朱海均关心祖国存亡,在金保、地摩两埠热心宣传抗日救国,并带头捐献白银三万两。1944年,由黄埔陆军军官学校毕业生邓震亚及部分黄埔校友在韶关市东河坝创办的黄埔中正中学,在日军进犯而韶关沦陷时,曾迁学发公祠。公祠前后座的石门框,共刻有11匾13联,国民党党政军要员余汉谋等手笔各占其一,余下7匾及13联均为朱汝珍所作。

后座主屋朱汝珍所作楹联(李学森摄)

学发公祠正门(李学森摄)

链接

大禾岗村位于清远市阳山县七拱镇南部,东邻坡头角村,南邻鲁屋村,西邻太平三和洞村,北邻潭村,距离镇政府约6千米。

(供稿:李学森;复核:阳山县史志办)

大禾岗村村貌(许明辉摄)

从熙公祠·潮州市潮安区

彩塘镇金砂村

祠堂建筑的杰作

从熙公祠坐落于金砂村斜角头,为清代旅居马来西亚柔佛州侨领陈旭年所建。兴建于清同治九年(1870年),竣工于清光绪九年(1883年),历时14年。

从熙公祠外景(成跃龙摄)

从熙公祠坐东向西,面宽31.22米,进深42.25米,总建筑面积约1319平方米。该祠分前后两进,附有天井、抱厦、两廊及后包,建筑布局超出了一般的"四点金"规格。祠内屋架均装饰金漆木雕构件和金漆画,有"狮子戏球""八骏马图""百禽图""拜相图""封相图""钓蟾图""庆寿图"等,瑞兽珍禽、花草虫鱼和戏剧人物故事,造型生动,雕刻精美,是清代潮州祠堂建筑的杰作。

门居多福地,屏立耕读家

首进为九桁垂花门,门楼为双面镂空石雕屋架,门楼前埕分置精致石狮一对,高105厘米,连座高209厘米;雌狮抚子、雄狮戏球、口含石珠,圆活精美。狮头头髻毛鬘卷曲,狮尾16撮毛皆以镂空手法雕成,线条柔和、刻工细腻。正门两侧安两个灰蓝色的云南油麻石石鼓,底座饰以蝙蝠、老鼠、苦瓜等图案,象征"多子多福""瓜瓞绵绵"。镶嵌于门楼石壁上

精美金漆木雕(潮安区地方志编纂委员会办公室供图)   传神石刻(潮安区地方志编纂委员会办公室供图)

的四屏石雕，正仪门左右对称的二屏是浮雕"花鸟虫鱼"图花板；南北两边两屏相向，分别为"士农工商"和"渔樵耕读"图。

金漆木雕，精细石刻

祠内的建筑装饰上充分运用潮州金漆木雕。首进厝身、后厅抱厦、后厅廊步等处的屋架及后厅中槽屋架均饰以玲珑剔透的金漆木雕，配以黑漆装金、五彩装金等彩画，烘托出整体金碧辉煌的艺术效果。其梁枋、桁柱及各种穿插构件上，汇集了潮州木雕工艺的多种雕刻技法和不同的外观表现手法，集中体现了该祠的精美木雕工艺。

青石彩绘通雕（成跃龙摄）

石雕鳌鱼（成跃龙摄）

石雕花篮（成跃龙摄）

除木雕外，从熙公祠多处石刻技艺炉火纯青，亦令人不禁击节赞叹。每屏构图及造型都独具匠心、精雕细刻。如"士农工商"屏里牧童手中拉着的石牛索，索长10厘米，直径仅4毫米，绳股索纹清晰毕肖。石牛索和石渔网均以镂空手法精雕细刻而成，是从原石块镂空雕打出的。后被游人拉断，陈旭年第三代孙陈爱之在1937年前后多次请匠师修补均难复原。遂请画工把这四屏石雕加以彩绘，保留了底部原石色，并加盖玻璃框保护。故现今看到的是五彩石雕。

链接

金砂一村在潮州市潮安区彩塘镇政府西南方2.4千米处，总面积3平方千米，山地面积1.37平方千米。地处韩江三角洲平原南部，相邻自然村有金东村、金砂二村、金砂三村、薛陇村、军民村。2012年，该村被认定为广东省古村落。

（供稿、复核：潮安区地方志编纂委员会办公室）

从熙公祠全景（潮安区地方志编纂委员会办公室供图）

绮云书室·深圳市宝安区

西乡街道乐群社区

○ 绮云书室（宝安区史志办供图）

深圳最大书室

绮云书室是郑氏家族的开创者、郑毓秀的祖父郑姚于清光绪十一年（1885年）建造的，是深圳历史上最大的私人书室建筑。

书室占地面积3000多平方米，建筑物包括大门、围墙、前殿、中殿、后殿、东船厅、西书楼、明楼、花园、金鱼厅等，规模宏大、气势磅礴。现仅存主体中间部分，为三开间三进深两天井布局。

精湛"三雕"

书室中汇聚的木雕、石雕、砖雕工艺精湛，图案精美。特别是木构件均用粗大的红木制作，质地上乘，选料考究，规模仅次于赤湾天后庙。书室正厅墙基，是用整块花岗石琢成方形石条叠筑，条石有的长达4米，接合缝隙密致，连根针都插不进去，据称这样叠筑既坚固，又防潮湿和防虫蚁；屋内的柱子、横梁、斗拱都是选用质地上乘的整根红木制作，历经一百多年依然坚固如初。这些木雕、石雕、砖雕均代表了当时当地建筑艺术的顶尖水平。

绮云书室前堂檐步架（宝安区史志办供图）　绮云书室精美的木雕工艺（宝安区史志办供图）

| 链接 |

乐群社区位于深圳市宝安区西乡街道南部，东至河西社区旧村，南至劳动社区，西至盐田社区工业区，北至龙腾社区，总面积3.5平方千米。1996年前原属西乡镇共乐大村，1996年成立乐群村，2004年城市化后改为西乡街道乐群社区。社区有郑氏宗祠和绮云书室等特色古建筑，还有醒狮等特色文化活动。

绮云书室前堂石狮柁墩（宝安区史志办供图）

绮云书室国学讲坛（宝安区史志办供图）

（供稿、复核：宝安区史志办）

甄贤社学旧址·珠海市香洲区

南屏镇南屏村

◎ 甄贤社学旧址（珠海市地方志办供图）

容闳创办

甄贤社学旧址位于甄贤小学内，由中国近代留学生之父、教育家容闳于清同治十年（1871年）带头创办，清光绪三十二年（1906年）正式办成初级、高级两等小学，是中国最早的侨校、广东省最早的民间学校之一。初名"甄贤社学"，后更名"甄贤学校"。

甄贤社学校舍现部分保存完好，青砖瓦舍的学堂古风犹存。建筑分3个组成部分：右前面为礼堂，二进夹一天井，面阔三间，硬山顶，穿斗抬梁混合结构；右后面为教室，砖木结构，一座隔作五间；左面为图书室和教务室。左右两面相隔一条长巷。在礼堂的东壁嵌有一方"容氏甄贤学校碑铭"，阐述建校宗旨及经过。2008年甄贤社学被广东省人民政府公布为广东省文物保护单位。

◎ 牌匾（珠海市地方志办供图）

容闳博物馆内景（珠海市地方志办供图）

容闳博物馆

甄贤社学是广东废除科举制度前后较早兴办的民间学校之一。留美幼童容星桥为第一任校长，容闳为名誉校长。中国第一个世界冠军容国团曾是甄贤学校的学生。甄贤社学凝聚了容闳的心血与教育理念，是具有创新意义的教育实践探索，对研究中国的教育制度革新和近代留学历史有重要意义。2018年为纪念容闳诞辰190周年，珠海市政府在甄贤学校旧址上建设了中国首家以"留学"为主题的留学博物馆——珠海容闳博物馆。该馆含陈列展览区、场景复原区、研学课堂区、影像播放区、服务设施区，展现容闳传奇的人生轨迹与矢志不渝的爱国情怀。

社学旧址一隅（张鹤蓝摄）

链接

南屏村位于珠海市香洲区南屏镇，现存容闳故居、郑氏家宅、郑藹臣宅、容星桥故居等传统民居百余座。民国最盛时，全村各姓氏建宗祠40多座。南屏村受到近现代革命潮流和海洋文化的影响与熏陶，在近现代史上人才辈出，最出名的有中国留学生之父容闳、民主革命先驱容星桥、中国体育第一个世界冠军容国团等名人。

（供稿：香洲区地方志办；复核：珠海市地方志办）

冠山书院·汕头市澄海区

澄华街道冠山村

○ 冠山书院周围景致（澄海区地方志办供图）

澄海第一书院

冠山书院是广东省现存四座明代及明代以前的书院之一，为明代澄海第三任知县蔡楠于明隆庆三年（1569年）捐俸银修建。明嘉靖四十二年（1563年）澄海置县，明隆庆年间，澄海知县蔡楠以冠山乡约所（原位于神山东麓）为休息议事之所，并捐俸于神山北麓建冠山书院，教授邑中子弟，为澄海乃至潮汕的文化教育作出重大贡献，冠山遂成为澄海的政治文化中心。神山是先哲在澄海传道、授业、解惑的历史见证，是澄海人好学求知的象征，是弘扬澄海古文化历史的风景区。

○ 冠山书院大门（澄海区地方志办供图）

◎ "冠阳福地"石刻（澄海区地方志办供图）

冠山环翠

神山又名冠山，"冠山环翠"是澄海古八景之一，远近闻名。宋庆历年间，潮州前八贤之一、宋太子中舍、易学大师卢侗"见冠山山明水秀"，环境幽雅，遂于此结庐读书，后定居于冠山，现在的冠山社区，仍存跃龙桥等与卢侗相关的文物史迹。

冠阳福地

中华人民共和国成立后，冠山书院曾一度是冠山初级中学、上华中学初中部的教学办公用地。20世纪80年代初上华中学初中部迁址，冠山书院一度荒废。90年代末，在澄海区政府主持下，冠山书院得到重修。

现今，书院以"冠阳福地，文化澄海"为主题建设冠山书院景区，充分利用天然自然景观和场地原貌，因地制宜打造具有浓郁文化特色的主题公园。

链接

冠山村位于汕头市澄海区澄华街道西部，村落始建于宋代。世居村民有周、卢、许、林、陈、郑、张、洪、李、程、吴、辛、叶、杨、郭、韦、魏、宋、丘、刘、蔡、廖、戴、曾、苏、董等姓氏。

（供稿：澄海区地方志办；复核：汕头市地方志办）

冠山书院内景（澄海区地方志办供图）

恬斋公书室·阳江市阳西县

织篢镇大洲村

大洲村"竹排地"(张德逊摄)

谕赐"致善人家"

恬斋公书室为阳西县文物保护单位。清代何恬斋为营造何氏家族文化氛围,加强子孙文化教育,在村东面建祠堂一座,号"恬斋公书室",雇请名师执教。祠堂占地面积392.8平方米,建筑特色鲜明,有六大锅耳,屋脊上有双龙戏珠、双凤朝阳和鲤鱼跃龙门雕刻。悬挂着"进士""文魁""拔魁"等牌匾,还有当年清朝皇帝嘉奖何恬斋的"致善人家"大横匾,这些见证了何氏家族乐施好善和尊师重教的家风。

◎恬斋公书室(阳西县地方志办供图)

书室檐与柱（阳西县地方志办供图）

一字排开的7座大屋和晒场（阳西县地方志办供图）

何氏大院

祠堂檐角飞翘，青砖绿瓦，气派非凡。堂内三进院落，至今仍打理得井然有序。堂外，穿过古廊和一道门口，便是一个宽阔的院子，地面全用灰沙铺成。院子的上方是七屋相连的何氏大院，七座大屋结构完全一样，为三进院落、砖木结构，古朴庄重，古色古香。

竹排地

择一高处俯瞰，何恬斋旧居北面靠河，南面是一个大水塘，村子呈长方形，房屋高低有序，巷道纵横交错，围墙、炮楼俱全，宛如宫廷式建筑，在民间有时也被称为"竹排地"。

链接

大洲村位于阳江市阳西县织篢镇东北部，地处丘陵地带，依河而建，坐北向南，村北有织篢河环绕，村南有龙高岭山脉，背枕清流，面朝笔架。该村2008年被认定为广东省古村落，2014年被认定为第一批广东省传统村落。

大洲村村貌（阳西县地方志办供图）

（供稿、复核：阳西县地方志办）

周兴书室·湛江市坡头区

坡头镇博立村

◎ 周兴书室全景（坡头区地方志办供图）

兴学育才

周兴书室是博立村爱国巨商许爱周于1913年为家乡兴学育才所建。正门巨匾"周兴书室"四字是民国元老、诗人、书法家谭延闿所书。惜原匾被毁，现匾上"周兴书室"四字是许爱周之孙许晋封所书。上厅匾"侠义可风"是当时吴川县县长曾昭声所赠。周兴书室1999年被公布为湛江市文物保护单位。

中国结花池

推开书室沧桑陈旧的大门，首先映入眼帘的是一个很大的庭院，静逸的感觉随之而来。大院左右两边有两个中国结的花池，在四周的墙壁上面，绘画有各式各样的风景图、人物图。花池的墙壁上写着大大的"福""寿"两字，历经风雨，墨迹斑驳脱落。

◎ 中国结花池（坡头区地方志办供图）

室内"侠义可风"匾额（坡头区地方志办供图）

穴门木雕

书室分前中后三进，每进大门两侧嵌有"松鹤延年""双凤朝阳""如意吉祥""番鬼托梁"等木雕图像。整个书院的建筑立面采用折中主义风格，结构对称、稳定，屋顶坡度平缓，屋檐错落有致，青灰砖墙斑驳成痕。

链接

博立村位于湛江市坡头区坡头镇，坐落于南三海湾北岸，地势平缓，面积1平方千米，后枕青山，前抱南海。登高远眺，层林叠翠，芳草萋萋。

（供稿：林汉英；复核：关文生）

博立村村貌（陈文辉摄）

贵生书院·湛江市徐闻县

徐城街道北门村

◎贵生书院（陈李琴摄）

明代书院

贵生书院始建于明万历年间，清道光元年（1821年）复修，20世纪80年代重修。该书院坐东向西，为砖木结构，硬山顶。前厅进深4.75米，面宽13.41米。左右学斋进深21.6米，面宽6.01米。后堂进深6.98米，面宽20.2米，总占地面积3030平方米。中轴线上为前厅、拜亭、后堂，东西两厢建屋4座。

古道通文脉

贵生书院前有明代石道，全长732米，宽4.6米，东西走向，路面有牛车车轮辗出的轨迹2道，深达13厘米。由登云塔（明代建筑）一直延伸到书院，并连接其后的文庙。

◎梦泉（陈李琴摄）

学斋

书院前庭有几株郁郁葱葱的凤凰树和古榕,还有一口古井雅称"梦泉",相传为汤显祖所凿。沿前堂往前19.6米,有东西学斋两座,砖瓦结构。明清两代学斋分列博学、审问、慎思、明辨、笃行、格物、致知、诚意、正心、修身、齐家和治国12间课室。

汤显祖讲学纪念地

贵生书院是历史名人汤显祖在徐闻讲学的纪念地,旨在宣扬"天下之生皆当贵重"等精神。1962年5月,中国戏剧家协

汤显祖像(黄飞凤摄)

会主席田汉观览徐闻贵生书院遗址,写下《访贵生书院》诗一首。1989年,贵生书院与门前古道被广东省人民政府公布为广东省文物保护单位。

链接

北门村,位于湛江市徐闻县徐城街道西北边,距街道办事处约0.3千米。相邻自然村有后市村、西门村、南门塘村和北门头村。

贵生书院门前古道(陈李琴摄)

(供稿:黄飞凤;复核:王保国)

古书院建筑群·茂名市信宜市

镇隆镇八坊村

◎ 大洪国王宫（信宜市党史地方志办供图）

古书院群

岭南古书院建筑群位于镇隆镇八坊村内。该村迄今已有1300多年历史，文物古迹众多，有国内罕见的由十三座书院组成的"岭南古书院建筑群"，分别是学宫、起凤书院、黎照书院、简斋书院、陇西书院、超然书院、燕丰书院、千顷书院、王梅轩书院、陆贾书院、凤冈书院、丽泽书院、养正书院。这里是唐朝"救贫先生"杨筠松，清代同胞同榜兄弟进士李宜昌、李宜相，马来西亚开国元勋、首任财政部长、著名侨领李孝式的故乡，历史文化底蕴深厚。

大洪国王宫

大洪国王宫，即学宫，始建于元至正十四年（1354年），历代几经修建，至清乾隆四年（1739年）改建为清代风格的建筑，整座建筑群前有棂星门、贤关坊、圣域坊、泮池；中有大成殿、东西厢、东西庑；后有明伦堂、遵经阁，造型庄严雄伟。清咸丰十年（1860年），广东天地会首领陈金釭率部攻占信宜，建立大洪国，号称南兴王，定都信宜城，以学宫为王宫，坚持与清廷武装斗争长达两年零八个月。故学宫亦称大洪国王宫。又因其为过去信宜的最高学府，又称文庙或孔庙，为省级文

◎ 学宫大成殿（信宜市党史地方志办供图）

物保护单位。

大洪国王宫旧址大成殿为宫殿式的建筑风格，砖木结构，面宽15米，进深14米。抬梁式屋架，由石质莲花柱础奠托的六支铁梭木大柱支撑着，木质斗拱装饰着龙头和卷云刻纹，殿堂外观为歇山顶，重檐四出，正面屋檐下有一排釉陶竹枝栏杆，显得清丽典雅。

红楼文明门（信宜市党史地方志办供图）

起凤书院

起凤书院，始建于清康熙五十一年（1712年），为知县裴正时创建，初建时为三座两廊。曾用作"考棚"。清光绪五年（1879年），又在书院的正座之上建楼，称"登瀛楼"，取"登高远望，小瀛洲之胜景尽收眼底"之意。同时，增设厅堂六间，房子十二间，为童生肄业之场所。民国初期，书院首座被改建为西式洋楼，作为国民党县党部。

起凤书院（信宜市党史地方志办供图）

起凤书院是信宜市目前保存较为完整的典型清代书院建筑。书院后座廊庑之间设的一处碑廊，共计有碑刻8块，记载举办书院之宗旨、章程、条例、公租、捐助等事项。另有碑刻一块，为清光绪十六年（1890年）广东巡抚布政司的告示勒碑。这些遗存的碑刻保存完整，为研究信宜市的教育发展史、公租、清代科举制度及其清代建筑风格和艺术价值的实物记载资料。

其余分布在附近的十二所书院，大多为四合院式，结构造型与起凤书院大致相同，大部分都保存主体格调，成为古城古建筑的一大特色。

链接

八坊村位于茂名市信宜市镇隆镇中心区旁。村内有镇隆古城，古城建于唐武德四年（621年），是历代州县并治之地，古称"窦州"。八坊村内文物古迹林立，是粤西地区保存最为完整的古城、古村落之一。2014年被认定为中国传统村落，2015年入选为"2511"岭南特色镇试点单位。

（供稿、复核：卢昆）

白梅书院·茂名市化州市

文楼镇书房咀村

○ 白梅书院正面（化州市地方志编纂委员会办公室供图）

客家围屋式建筑

白梅书院，又名白梅书房楼、白梅书房城，始建于明末清初，坐北向南，占地面积4万多平方米，书院为客家围屋式建筑，为何氏族人所建。书房城呈方形，围墙采用青砖与泥砖混合砌成，屋内则为别具一格的三座四重廊结构，内设城池、书房、炮楼、居室。四大角有门楼各1座，南面城墙外有半月形水塘。墙内正中为祠堂，砖瓦木结构，硬山顶，博古脊，面阔三间，深三进。

屋内中厅的屏风上还悬挂着一幅清朝皇上钦赐的"乐善好施"匾额，虽历经数百年风霜侵蚀，其字迹仍清晰可辨。据介绍，驷马大屋建造者黎卓英（1764—1841），在清道光年间捐建了供官府选拔人才的化州考试院，皇帝钦赐此匾额。

○ 白梅书院全貌（化州市旅游局供图）

白梅书院炮楼

白梅书院周围筑有9座炮楼，其中3座高达18米，6座稍矮的高度也达到12米。如此高度和如此密集的炮楼，在粤西古建筑群里并不多见。每座炮楼回廊贯通，均开有圆形或十字形炮眼，铁炮防守，就像9位持枪而立的卫士，日夜守护着书院。

据悉，当年为激励学子向不同的方向奋发，白梅书房城特意开设"大夫第""参军第""武德第"3个寓意不同的大门，用心良苦可见一斑。城内共建有整齐有序、大小不一的课室、居室150余间，规模亦非同一般。虽然部分城墙已拆除，但基本上保留着原建筑风貌。书房、校舍、回廊等大部分建筑，均用青砖砌墙，特别是屋顶上的杉木屋梁、檩条、格子、瓦片，排列整齐，衔接无缝，大小恰当，造型别致，可见这座书房城在选材和工艺上用足了心思。

○白梅书院炮楼（化州市地方志编纂委员会办公室供图）

白梅书院保存完好的屏风祖训（化州市地方志编纂委员会办公室供图）

据了解，像这种集教育、居住与防御功能于一体的书房城，在粤西山区乃独树一帜，体现了当地百姓对教育的重视，这种民风一直传承至今。中华人民共和国成立前，村民曾用祠堂办小学。

链接

文楼镇位于化州市西北部，东邻播扬镇，南连平定镇，西接广西陆川县，北靠广西北流市，辖1个社区和16个行政村。2017年，面积159.05平方千米，有334个自然村，总人口60448人。

（供稿、复核：化州市地方志编纂委员会办公室）

荥阳书室·肇庆市端州区

睦岗街道水松根村

荥阳书室正门（周维军摄）

宗祠转书室

荥阳书室始建于明代，占地面积300平方米，为肇庆市不可移动文物。原为苏氏所建的苏氏宗祠，清代苏氏将祠堂卖给同村郑氏，改现名。清代及近代均有维修。

彩墙灰塑博古脊

书室坐东北向西南，砖木结构，前后两进。大门前的梁架雕刻简单饰纹，墙壁上部绘有彩色壁画，下部为红砂石砌成。正门上方灰雕"荥阳书室"匾额，墙楣绘花鸟人物故事壁画，厅房存精美博古脊。

◎荥阳书室青云巷博古脊（端州区不可移动文物普查办公室供图）

◎荥阳书室天井（周维军摄）

石刻楹联重读书

　　天井两廊及后进，用钢筋混凝土改建。在门楼旁边的墙壁上有石刻楹联，左侧为："官自读书始"，右侧残存"积德大"三字。首进三开间，红砂岩墙裙、台基和大门框，两条圆木柱，乳栿底雕八宝图样，上以深雕花鸟柁墩承花瓣状斗拱。书室同郑氏宗祠之间由一长廊隔开，前建小门楼，凸雕石匾曰"诗笺"。

链接

　　水松根村，位于肇庆市端州区睦岗街道西南部，距离街道办事处约0.5千米，现为城中村。东接上园村，南临西江，西邻睦岗村，北靠端州八路。

（供稿、复核：端州区史志办）

◎水松根村村貌（周忠明、黄小云摄）

广东特色建筑

园林

余荫山房·广州市番禺区

南村镇罗边村

余荫山房正门（番禺区地方志办供图）

绿荫掩映（番禺区地方志办供图）

清代举人私家花园

余荫山房又称余荫园，为清代举人邬彬的私家花园，始建于清同治三年（1864年），距今已有150多年的历史，是广东四大名园之一，全国重点文物保护单位。园林占地总面积1598平方米，以小巧玲珑、布局精细的艺术特色著称，充分表现了古代园林建筑的独特风格和高超的造园艺术。余荫山房的布局十分巧妙，园中亭台楼阁、堂殿轩榭、桥廊堤栏、山山水水尽纳于方圆三百步之中，充分反映了天人合一的文化特色。

缩龙成寸

余荫山房坐北朝南，以廊桥为界，将园林分为东、西两个部分。余荫山房吸收了苏杭庭院建筑艺术风格，整座园林布局灵巧精致，以"藏而不露"和"缩龙成寸"的手法，在有限的空间里分别建筑了深柳堂、榄核厅、临池别馆、玲珑水榭、来薰亭、孔雀亭和廊桥等，在面积并不大的山林里，浓缩了园林的主要设施和景致，使有限的空间注入了幽深广阔的无限

池畔亭榭（番禺区地方志办供图）

佳景。余荫山房园地虽小，但亭桥楼榭，曲径回栏，荷池石山，名花异卉等，一应俱全。

四大奇观

园中之砖雕、木雕、灰雕、石雕等四大雕刻作品丰富多彩，尽显名园古雅之风。更有古树参天，奇花夺目，顿使满园生辉。而园中"夹墙竹翠""虹桥印月""深柳藏珍""双翠迎春"等四大奇观，使游人大开眼界，乐而忘返。

内景（番禺区地方志办供图）

西半部以长方形石砌荷池为中心，池南有造型简洁的临池别馆；池北为主厅深柳堂。深柳堂是园中主题建筑，是装饰艺术与文物精华所在，堂前两壁满洲窗古色古香，厅上两幅花鸟通花花罩栩栩如生，侧厢三十二幅桃木扇格画橱、碧纱橱的几扇紫檀屏风皆为木雕珍品，珍藏着当时名人诗画书法。东半部的中央为一八角形水池，池中有八角亭一座，名"玲珑水榭"，原是赋诗把酒、吟风弄月之所，置身于此，可观赏丹桂迎旭日、杨柳楼台清、腊梅花盛开、石林咫尺形、虹桥清晖映、卧瓢听琴声、果坛兰幽径、孔雀尽开屏。

链接

罗边村，位于广州市番禺区南村镇东北部，距离南村镇政府约2千米，北邻市头，南接南村，西邻板桥。该村始建于南宋乾道年间，历史悠久，人才辈出。现存私塾旧址培兰书院，始建于明代，2005年被公布为广州市文物保护单位。

余荫山房全景（番禺区地方志办供图） （供稿、复核：番禺区地方志办）

梁园·佛山市禅城区

祖庙街道培德社区

梁园俯瞰（禅城区文化广电旅游体育局供图）

秀水奇石名帖

梁园是清代佛山梁氏宅园的总称，由当地诗书画名家梁蔼如、梁九章、梁九华及梁九图叔侄四人，于清嘉庆、清道光年间陆续建成，历时四十余年。梁园历史上规模宏大，主要由寒香馆、群星草堂、十二石斋、汾江草庐等多个园林群及众多园林景点组成，主体位于松风路先锋古道。目前保留原建筑或在原基础上修缮复原的古建筑有刺史家庙、群星草堂、秋爽轩、船厅、小榭楼、书斋和三排宅第群组。

梁园是清代岭南文人园林的典型代表之一，是粤中四大名园之一，全国重点文物保护单位。其布局精妙，宅第、祠堂与园林浑然一体，有曲水回环、松堤柳岸的岭南水乡韵味，格调高雅。梁园素以湖水萦回、奇石巧布著称于岭南，园内建筑玲珑典雅，绿树成荫，点缀有形态各异的石质装饰，珍藏着历代书家法帖。秀水、奇石、名帖堪称梁园"三宝"。

梁园（王颖尧摄）

◎ 荷香水榭（禅城区地方志办供图）

群星草堂

群星草堂中最吸引人的莫过于"石庭"。它讲究一石成形、独石成景，在岭南私园中独树一帜。梁园的主人通过对独石、孤石的整理，突显个体特性，在壶中天地中表达了对人的个性和自由人格的追求。

梁园内奇石达400多块，有"积石比书多"之美誉。其异石大小种类丰富多彩，造型摆设千姿百态，园内巧布太湖、灵璧、英德等地奇石，大者高逾丈，阔逾仞，小者不过百斤。在庭园之中或立或卧，或俯或仰，极具情趣，其中的名石有"苏武牧羊""童子拜观音""美人照镜""宫舞""追月""倚云"等。景石大都修台饰栏，间以竹木、绕以池沼。

梁园韵桥（王颖尧摄）

链接

培德社区位于佛山市禅城区祖庙街道，辖区范围东至松风路，西至汾江中路，南起亲仁路、莲花路，北至高基街。培德社区获评全国科普示范社区、广东省科普示范社区、广东省居务公开民主管理示范社区、广东省最美志愿服务社区等荣誉称号。

◎ 十二石斋一景（禅城区地方志办供图）

（供稿：禅城区地方志办；复核：佛山市地方志办）

清晖园·佛山市顺德区

大良镇中区社区

○ 绿树掩映的清晖园（顺德区地方志办供图）

精巧灵透

清晖园是一处始建于明代的古代园林建筑，全国重点文物保护单位。故址原为明末状元黄士俊所建的黄氏花园，现存建筑主要建于清嘉庆年间。清晖园与佛山梁园、番禺余荫山房、东莞可园并称为广东四大名园，也是岭南园林的代表作。

全园构筑精巧，布局紧凑，建筑艺术颇高，蔚为壮观。建筑物形式轻巧灵活，庭园空间主次分明，结构清晰，利用碧水、绿树、古墙、漏窗、石山、小桥、曲廊等与亭台楼阁交互融合，是集古代建筑、园林、雕刻、诗书、灰雕等艺术于一身的园林建筑。因三面环山，园内林木森郁，与远处山麓一脉相承，与山景浑然一体。

○ 小桥石径

园内的百年老龟（顺德区地方志办供图）

轻烟挹露碧溪草堂

碧溪草堂，据传是清晖园内最早的建筑。在碧溪草堂明间，设有一座镂空疏竹木雕圆光罩，其工艺精湛且古色生香。两侧玻璃屏门的裙板上，用隶书、篆书和鸟虫书体镌刻有四十八个形态各异的"寿"字，称为"百寿图"。草堂槛窗下嵌着一幅题为"轻烟挹露"的百年阴纹砖雕，刻有幽篁丛竹。砖雕题跋"未出土时先引节；凌云到处也无心"。

链接

中区社区位于佛山市顺德区大良镇，总面积0.98平方千米。社区内观光购物、休闲娱乐、就学、医疗、餐饮、康体等配套设施一应俱全。

清晖园俯瞰（顺德区地方志办供图）

（供稿：顺德区地方志办；复核：佛山市地方志办）

可园·东莞市

莞城街道高桥村

○ 可园院落（东莞市地方志办供图）

可园建筑群

可园位于东莞市莞城街道博厦社区高桥村，为清代广东四大名园之一。2001年被公布为全国重点文物保护单位。始建于清道光三十年（1850年），平面呈不规则多边形，占地面积2204平方米，建筑面积1234平方米。所有建筑均沿外围边线成群成组布置，"连房广厦"围成一个外封闭内开放的大庭园空间。

根据功能和景观需要，建筑分成3个组群。东南门厅建筑组群，为入口所在，是接待客人之所以及人流出入之枢纽。西部楼阁组群，为设宴、眺望和消暑场所，有双清室、桂花厅（可轩）、厨房和侍人室。北部厅堂组群，是游览、居住、读书、琴乐、绘画、吟诗的地方。临湖设游廊，题为博溪渔隐，另有可堂、问花小院、雏月池馆、绿绮楼、息窠、诗窝、可亭等建筑。环绕庭院布置有半边廊，环碧廊，将三大建筑组群紧密联结在一起。

○ 可园楹联（东莞市地方志办供图）

◎ 可堂（东莞市地方志办供图）

可园面积小、设计精巧，亭台楼阁，山水桥榭，厅堂轩院，一应俱全。虽是木石、青砖结构，但建筑十分讲究，窗雕、栏杆、美人靠，甚至地板亦各具风格。建筑布局高低错落，处处相通，曲折回环。基调是空处有景，疏处不虚，小中见大，密而不逼，静中有趣，幽而有芳。摆设清新文雅，富有南方特色，是广东园林的珍品。可园创建人张敬修投笔从戎，官至江西按察署理布政使，金石书画、琴棋诗赋，样样精通，又广邀文人雅集，使可园文物遗存众多。

可堂与双清室

可堂是可园的主体建筑，也是最庄严的建筑。楼高15米多，底层大厅名可轩。其侧有石梯级，盘曲可上绿绮楼，复又能通可楼第二、三层。第四层是邀山阁，登阁可俯览园中景色。楼阁为水磨青砖结构，地铺褐红砖。楼前有曲尺形水池，缀以花台、花径、假山，由环碧廊贯串起来，构成整体。当年画家居廉常居于此，留下许多吟咏。

双清室是可园的又一胜景，其结构奇妙，堂中建筑、地面、天花、窗扇皆用"亚"字为图，相传亚字是吉祥之字。双清室是园主人吟风弄月的地方，以堂前湛明桥翠、曲池映月之景，而命名双清室。

链接

高桥村位于东莞市莞城街道博厦社区，因有一长涌潺流经村旁，涌中可通小船，涌岸以麻石砌成高堤，并有石桥横跨两岸，故名"高桥"。

（供稿：莞城街道办；复核：东莞市地方志办）

◎ 可园之湖（东莞市地方志办供图）

詹园·中山市

南区街道北台村

◎詹园远景（南区街道办供图）

一园三区

詹园又名中山大宅门，建于1998年，是利用现代技术兴建的古典园林。占地120余亩，分为詹园祝寿、岐江廊桥、詹府种福三个区域。园内建筑以苏杭园林为基调，汲取中国古典园林之精髓，强调岭南水乡的布局脉络，结构简洁而凝重，风格古朴而洒脱。

詹园融江南建筑与岭南建筑为一体，吸收百家雕刻艺术精华，形成了独具匠心的一座古典庄园式建筑群体，并借助文学、地理、书画和建筑等诸多艺术，展示出我国的文学历史、哲学思想和伦理道德等观念。

双依亭

双依亭是园主感念于与妻子相扶相持，共同创造美好生活的辛劳与幸福而建，据说很多热恋的情侣和新婚夫妇都慕名到此，希望沾上园主夫妇恩爱、富贵的喜气，以后能像他们一样相互扶持，共同创造美好生活。

◎双依亭（南区街道办供图）

◎詹园一角（南区街道办供图）

◎詹园内景（南区街道办供图）

◎詹园廊道（南区街道办供图）

链接

北台村位于中山市南区街道，是中山著名的侨乡，华侨旅居以美洲、澳大利亚为主，在近代历史中，涌现出一批名人，如檀香山稻糖业巨子杨著昆、"革命空军之父"杨仙逸、中国TNT炸药之父林炳光、"军航先驱"杨官宇等。

◎詹园晨曦（南区街道办供图）

（供稿：刘奕楷；复核：中山市地方志办）

立园·江门市开平市

塘口镇北义村

○ 立园远景（江门市地方志办供图）

一墅两园

1926—1936年旅美华侨谢维立家族回乡兴建立园。该园集传统园林、岭南水乡和西方建筑风格于一体。总占地面积11013.99平方米，分为别墅区、大花园和小花园三个区域。园区之间以人工河或围墙分隔，又用桥亭或通天回廊连接，园中有景，景中有园。

立园的建筑风格以《红楼梦》中的"大观园"为参照，有"小观园"的美誉，将中国古典园林建筑艺术与欧美当代别墅建筑特色融会贯通，是中国较为完整的中西建筑艺术相结合的园林之一。

别墅区

别墅区是立园的主体，建筑坐西向东，有泮立楼、泮文楼、明庐、炯庐等6幢高大挺拔、风格独特的别墅和1座碉楼，是园主兄弟叔伯日常起居之处。厚重的底墙、伸展的阳台、古色古香的门窗、造型华丽的希腊式圆柱，无一不散发着浓厚的西洋风味，而屋顶上绿色的琉璃瓦、壮观的龙脊、飘逸的檐角、栩栩如生的吻兽，则是中国宫殿式的风格，其中西合璧的独特建筑艺术在中国园林中独树一帜。

○ 立园花藤亭（江门市地方志办供图）

大花园

大花园布置在别墅区的后面，呈坐北向南的格局，建筑奇特，文化浓郁，古木参天，绿树掩映，鸟语花香，主要以体现中国传统文化的"立园"大牌坊和"本立道生"牌楼为轴心进行布局，弥漫着浓厚西洋情调的鸟巢、花藤亭点缀其间，古典气息和现代意识氤氲其中，独具特色。

立园泮立楼（江门市地方志办供图）

链接

北义行政村位于江门市开平市塘口镇西部，邻近县道X555线，交通便利，距开平市区15千米。全村面积3.18平方千米，耕地面积2072亩，下辖9个自然村。2015年末户籍人口1551人，旅外华侨华人约1000人。村内旅游资源丰富，有仓前村、立园等特色村落与建筑群。

立园"赓华村"门楼（江门市地方志办供图）

（供稿、复核：开平市地方志办）

广东特色建筑

古城 古寨

南头古城·深圳市南山区

南头街道九街村

◎ 南头古城垣（兰克摄）

洪武古城

南头古城又称新安古城。南头古城南门始建于明洪武二十七年（1394年），清代以来多次维修。城门为砖石木结构，坐北向南，面阔13.35米，进深10.94米。城楼四坡顶，灰塑浮雕瑞兽脊饰，勾头滴水，檐下有木制斗拱，门额上匾额书"岭南重镇"。当时为广州左卫东莞守御千户所城，至明万历元年（1573年）设新安县后，这里即为县治所在。南城门整体形制保存情况较好，对于研究南头古城的平面布局及历史具有较高的参考价值。

◎ 南头古城门（孔德司摄）

◎ 新安县衙旧址（孔德司摄）

东莞会馆（郭顺摄）

城内会馆

东莞会馆，始建于清同治七年（1868年），重建于2005年，为深圳市文物保护单位。会馆为砖木混合结构，坐西朝东，三开间二进，面阔11米，进深24.5米。现前厅仅存一间平房建筑，宽4.3米，进深12.3米，门厅门额上匾额书"东莞会馆"，檐下木浮雕花草封檐板，彩绘花草壁画，灰筒子瓦面，勾头滴水，硬山顶，博古脊。后厅仍为三开间，面阔11米，

"东莞会馆"石匾额（孔德司摄）

进深9.04米。内有修建"宝安公所"时的四块石匾。会馆整体保存情况一般，现开放供游客参观。

链接

九街村位于深圳市南山区南头街道南头城社区。九街村始建于东晋咸和六年（331年），曾为东官郡郡治、宝安县县治所在地，明清时为新安县县治，因原古城内设有县前街、显宁街、永盈街、聚秀街、和阳街、迎恩街、五通街、牌楼街、新街9条街道而取名九街村，别名南头城村、新安古城、南头古城。

（供稿、复核：南山区史志研究中心）

龙美寨·汕头市澄海区

隆都镇龙美村

龙美寨（澄海区地方志办供图）

缩微版潮州古城

　　龙美寨是一座微缩型的"潮州古城"。全寨占地面积约1.5万平方米。建筑物样式多样，明、清及民国初期三个时期都有。其中有传统的"驷马拖车"、三厅亘、三间二进式祠堂、"四点金""下山虎"等各种传统形制，也有西洋风格的二层叠楼。寨外有护寨河，上设置石桥，西畔有一口大池塘。该寨东西南北各开一个大门，寨南门匾额上书"龙光射斗"，是该寨"生门"，村民嫁娶都经此门进入；寨西门匾额上书"天乙文明"，意在祈求子孙富贵显达；寨东门匾额上书"龙美寨"，村民有丧葬之事，都经此门进入；寨北门安设石门框，北门外是池塘水域，属水路之门。全寨另设三个小门，分别位于东南侧、西南侧和东北侧，以方便村民出入往来。现残存寨墙仍保留原貌，村中道路笔直畅通，从南门通往北边的大街巷称"方厝巷"，仿照潮州古城自南门至西湖的大街路样式。中途稍拐弯即可直达西寨门，到达西边大池塘。西面通往东门也有笔直的道路。

黄氏家庙

　　寨内中央设一座祠堂，为黄氏家庙，面阔三间，纵深二进，大门匾额镌刻"黄氏家庙"四个字，门楣刻印"钦祖祠宇"，旁刻"乾隆二十五年吉立"。祠内设有抱印拜亭，后面是第二进大厅，大厅上悬挂书写"燕翼堂"的匾额。大厅梁架采用经典的三载五木瓜十八块花胚的抬梁式结构，系清中叶潮汕花胚木雕的典范样式，极其精美。黄氏家庙的同街前座，是黄氏宗祠，其格局和规模与黄氏家庙一样。

状元先生第"黄氏家第"（澄海区地方志办供图）

寨内古建

寨北门内有座三进的状元先生第，门匾"黄氏家第"四个字，是状元林大钦亲书。寨外的东北角，另有一座黄氏宗祠，为小五间二进式，坐东朝西，规模略大，但年久失修，较为残破。黄氏宗祠的北面有"儒林第"等三座宅第，

"黄氏家第"匾额（澄海区地方志办供图）

均为同一时期村民前往南洋谋生经商后回家乡所建。其中两座并排，面朝南；另一座位于南侧，坐东朝西。三座侨宅占地面积相同，规格均为二层叠楼，四厅相向，中间天井，正前开辟一门，左右各一偏门。

链接

龙美村位于汕头市澄海区隆都镇北部，又称龙美寨、陇美村、陇尾村。村落始建于明代。村民为黄姓。2015年末，全村有户籍人口1315人。2009年12月该村被认定为广东省古村落。

（供稿：澄海区地方志办；复核：汕头市地方志办）

龙美村村貌（澄海区地方志办供图）

东里古寨·汕头市潮南区

陇田镇东仙村

◎ 东里古寨全貌（潮南区地方志办供图）

寨堡式建筑群

东里古寨是潮汕地区一处独具风格的城寨建筑，始建于清乾隆二十八年（1763年），距今已有200余年历史。古寨固若金汤，为昔年航海富商、号称"潮阳四大富"之一郑毓琮之孙郑峻峰兄弟所建。

东里古寨坐东南向西北，面向练江平原，溪河交错，远眺北山，气局开阔。古寨占地面积14384平方米，建筑面积12768平方米，有正门、东门、西门，正门牌楼上书"东里腾辉"。寨墙长112米、宽114米、高5米，垣厚0.5米，寨墙四角各矗立着延伸出寨墙外1.5米之楼橹一座，并有瞭望窗及射击孔，其寨垣可通四座楼橹，四楼枪炮口遥相呼应，固若金汤。从高处看，城墙环护、庭院栉比，十分壮观。寨内有三座落（三厅二院）6座，三座落加反照（4厅3院）6座，五间过3座，下山虎6座，阴城间108间。三街六巷纵横其中，排列有序，整齐划一。内有郑氏家庙惟馨堂，三进二天井布局，始建于清乾隆二十八年，祀祖郑峻峰六兄弟。2015年该祠被汕头市文明委评为"汕头市示范文化祠堂"，为汕头市12座示范文化祠堂之一。郑氏家庙大门与古寨正门、峡山祥符塔三点形成一直线，蔚为大观。城寨内还有泰国侨领郑午楼故居。东里古寨现为广东省文物保护单位。

沙陇民俗文化

东里古寨又是沙陇民俗文化的缩影，里面存有大量用于农田生产耕作及生活的用具，如犁、耙、筐、箩及旧俗婚娶的五桶、家具等，是研究潮南古代民居建筑和旅游参观的好去处。

◎东里古寨局部（东仙村供图）

链接

东仙村，位于汕头市潮南区陇田镇沙陇偏北地带，面积2.77平方千米。建村于明清时期，世居村民主要为郑、林、王姓。清康熙年间，郑氏十九世祖郑毓琮靠航海贩运致富，创村"上厝"，清乾隆年间，裔孙"建东里古寨"。2014年东仙村被广东省住建厅、省文化厅、省财政厅联合认定为广东省传统村落。2015年户籍人口6700人。

◎东仙村村貌（东仙村供图）

（供稿：潮南区地方志办；复核：汕头市地方志办）

◎东里古寨俯瞰（潮南区地方志办供图）

林寨古村·河源市和平县

林寨镇林寨古村

◎ 林寨古村村貌（和平县地方志办供图）

四角楼建筑群

林寨古村有"中国最大四角楼古建筑群"之美誉。自元末明初至今，遗有280多幢古民居，是规模较大的客家建筑群，其中核心区有24幢较大的四角楼，建筑总面积为183.8万平方米。每座楼建筑风格独特，楼宇堂皇，石柱擎天，多雕梁画栋、浮雕镂雕、名人字画，其规模之大、数量之多、艺术之精湛，颇具代表性，是保护十分完整的客家古村。

德基楼

◎ 德基楼（陈仰天摄）

福基楼，俗称德记楼，谐音德基楼，为林寨陈姓十一世陈修仲所建。一门三进布局，两侧有炮楼，是为防洪避匪患之用，外饰有两个斗门，砌有围墙，院内有水井，院外有水塘，内进分上中下厅，两层，每层22个房间，炮楼为三层建筑。因是较早设计建筑，工艺不太精湛，且由于建造时资金不甚雄厚，二层以上为坭砖结构，但在林寨内开新例，当时算是富丽堂皇。

◎ 四角楼建筑群（和平县地方志办供图）

谦光楼

谦光楼（陈仰天 摄）

谦光楼，占地面积近10000平方米，为五进三幢外加四个骑楼设计，设上、中、下三堂，有11个天井、18个厅堂，每层84个房间，整栋楼共324个房间。水井、粮仓、厨房俱全，可容纳几百人居住，充分体现客家围屋的聚族而居、防御性强的特点。整个大屋处处可见精美雕刻，屋内屏风、槅门、月梁、插斗、雀替、瓜柱、柁墩上均大量使用浮雕、镂雕手法雕刻着神话人物、飞鸟、走兽、花卉等图案。屏风和隔扇上分别书有"是亦为政""克和阙中""东辉太乙""西焕长庚""燕翼诒谋""兰桂腾芳"等寓意吉祥的词语。

链接

林寨古村，位于河源市和平县林寨镇北岸跃进片，距镇政府1千米，面积8.84平方千米。古村坐落于浰江北盆地中间，村前以古云山、大岭山为案，中有滔滔东流浰江水，正面远眺林寨主峰铜锣嶂。2008年林寨古村被认定为广东省首批传统古村落。2012年12月，被住房和城乡建设部、文化部、财政部认定为中国传统村落。2014年3月被住房和城乡建设部、国家文物局评为中国历史文化名村。2015年被住房和城乡建设部、国家旅游局评为全国特色景观旅游名镇名村示范，被国家旅游局评为全国乡村旅游模范村。

（供稿、复核：和平县地方志办）

石寨古村·汕尾市陆丰市

大安镇石寨村

◎ 石寨村村貌（陆丰市地方志办供图）

筑石为寨

◎ 石寨村大门（陆丰市地方志办供图）

石寨又名石城，原是石、陈、谢三姓聚居之地，其开基之年代，据考约为唐武德年间。据传石氏有才女以"一斗半、二斗半、三半斗、四斗半"应对自身姓氏之询，而成一时佳话，流传至今，为人所乐道。明末黄氏族人入住，其后诸姓陆续迁出，只余黄氏一姓，现有人口数千人，使用闽南方言。

石寨村坐落于小山岗之上。小山岗高几十米，阔几百米，却是峰阜坑谷分明，如雄狮首尾相顾，蓄势待发，生机盎然。石寨先人辛勤开拓，就地取材，采石筑城，而成"石寨"。环山而筑，宏伟雄浑，有如一道银环挂于雄狮颈项。城内民居依山势高低逐级而建，秩序井然。城前有湖波如鉴，湖外小山形如覆釜，肃然列案；周遭峰峦拱护，端正雍容。

新寨和安里

相传，黄性琮、黄致健父子游学择里，足迹遍及闽粤。及至石寨，喜见此处秀丽风光，叹为观止，于是择居于此。且于城寨东面约四里处用时18载增建一城寨，谓之"和安里"，俗称"新寨"。科举年代，石寨黄氏族人计有进士1名，举人7名，贡生36名，秀才数百名。谢、陈二姓亦曾有进士各一名。黄氏家庙内挂有功名牌匾48幅，城寨正门（西门）外竖立旗杆石28副。

固若金汤名不虚

石寨寨墙周长约700米，高10米，基础部分由石板垒砌，足有3米高，上部分用三合土夯就。墙宽4米，墙体3米以上分内外墙，内外墙之间有2米宽的"马路"。外墙遍设堞口和炮眼。分设东西南北四门，距城门40米处两旁各设墙头堡。斑驳沧桑的墙体历经百年而屹立如初。

新寨古城内景（陆丰市地方志办供图）

在寨内制高处的巷道旁，有一通体漆黑巨石，上钝圆下肥硕，状若蜘蛛。仔细观察可发现周围巷道都以蜘蛛石为中心，向四周呈放射性纵向分布，横向的巷道又交错穿过纵道，使整个寨在布局上如一张巨大的蜘蛛网。

自然人文两相宜

石寨先人对地势与环境颇有考究。旧时，在石城的周围有几处泉眼，水流四面环绕缠护，形如"冠带"之势，亦称为"金城环抱"。

链接

石寨村位于陆丰市大安镇东南部，距镇政府1.5千米，被认定为第一批中国传统村落，是汕尾市唯一的入选村落。2014年3月，被住房和城乡建设部、国家文物局评为中国历史文化名村。2015年8月，被国家旅游局评为全国乡村旅游模范村。

（供稿：大安镇政府；复核：陆丰市地方志办）

石寨村俯瞰（陆丰市地方志办供图）

旧城西门楼·清远市连山壮族瑶族自治县

太保镇保城村

西门楼（连山壮族瑶族自治县史志办供图）

明代古城遗存

西门楼始建于明成化四年（1468年），重建于清乾隆年间。城门楼为砖木结构，歇山式，通高8.4米，宽5.12米，面长10.12米。券门宽2.3米，深4.9米，高3.16米。城门铺有石条，门板两扇，厚9厘米。券门墙角皆用石条砌入加固，是旧城遗存明代古城的唯一标志。1990年被公布为第一批县级文物保护单位。

叠石成垒出高城

旧城"叠石成垒"为一百八十丈（599.4米）、雉堞矮墙二百四十有九丈（829.2米）的小城。四面设有门楼，东称迎旭门，西称秩成门，南称离照门，北称宣威门。城内有一条从东门至西门的直街，全长百余丈，宽丈余，街道均用山石铺垫。清嘉庆二十二年（1817年）改为

旧城城墙（李凯摄）

绥瑶直隶厅署，辛亥革命后复为县城。至1928年，计城内有大小公署70多间，民居矮屋100多间，沿山建筑分为6级，从南到北层叠高差约34米。

下马石

1946年地方政府移治后，公署荒废，有的倒塌，有的改为民居。一些城垣碑坊、官署楼宇、文庙、武庙、象山书院等文化古迹，在"文化大革命"期间毁坏殆尽，文庙、武庙、关帝庙、象山书院等只存有遗址。现保留较完整的有西郭门楼和东郭门外水圳边的"文武官员至此下马"石碑。

旧城文武官员下马石（连山壮族瑶族自治县史志办供图）

链接

保城村位于清远连山壮族瑶族自治县太保镇，有10个自然村，14个村民小组，710户。耕地面积3609亩（其中水田面积3303亩），山林面积50351亩。

（供稿：李凯；复核：植成业）

旧城村村貌（周学飞摄）

南岗瑶寨·清远市连南瑶族自治县

三排镇南岗村

◎ 南岗瑶寨全景图（连南瑶族自治县史志办供图）

| 首领排 |

南岗瑶寨，海拔803米，占地面积159亩，鼎盛时期有民居700多幢、1000多户、7000多人，被誉为首领排。这里山势宏伟，古道蜿蜒，沿途可见古树、古墓，寨旁的千顷梯田，由山脚向山脊层层延伸，连绵而去，充满韵味，是摄影爱好者和丹青好手采风的胜地。

古寨依山而建，房屋层叠，错落有致；石板道纵横交错，主次分明。此寨建于宋代，至今有千余年的历史，是中国历史文化名村（2008年入选），同时也是广东十大最美古村落之一（2012年入选）。有关专家称，南岗是全国乃至全世界规模最大、最古老、最有特色的瑶寨。2007年11月南岗瑶寨被广东省人民政府公布为广东省文物保护单位。

◎ 古寨特色建筑——瑶王屋（连南瑶族自治县史志办供图）

古寨现状

中华人民共和国成立后,实行"移民下山"搬迁政策,现古寨只保留有200余人和368幢明清时期的古宅及寨门、寨墙、石板道等。走进古寨,让人感受到瑶族历史的悠久和传统文化的古典美。

"南岗排"牌坊（连南瑶族自治县史志办供图）

链接

三排镇位于清远市连南瑶族自治县,距县城7千米,国道G107线和省道S261线横贯其中,交通十分便利,是以农业为主的排瑶聚居镇。镇境地处典型的石灰岩地区,盛产黄豆、花生、玉米、烟叶、油茶等,是连南的主要油料基地之一。

梯田（连南瑶族自治县史志办供图）

（供稿、复核：连南瑶族自治县史志办）

龙湖古寨·潮州市潮安区

龙湖镇龙湖村

江畔"皇宫起"

龙湖古寨地处韩江中下游西岸龙湖镇护堤公路龙鹳路口,面积1.5平方千米。曾是潮汕平原历史上最繁华的古村落。

古寨东边,韩江烟波浩渺,水天一色,江心的韩龙洲草木葱翠,鸟语花香;古寨北、西、南三面,池塘环绕,碧水如镜;古寨内外古榕荫翳,千姿百态。远望近观,整座古寨犹如一幅自然、古朴、典雅的乡野画卷,令人心旷神怡。

古寨寨门(潮安区地方志编纂委员会办公室供图)

龙湖古寨始创于宋,围寨于明,繁盛于清,素有"潮州建筑博物馆""潮州厝,皇宫起""潮居典范、祠第千家、书香万代"之美誉。现存传统民居近百座,建于明清时期至民国初期;祠堂有80多座,建于明清时期。建筑年代距今500年以上的有许氏宗祠、林氏宗祠、黄氏宗祠、徐厝祠等;达400年的有六世祖祠、作雨公祠、大夫第、徽衍公祠、伯腾公祠、伯岩公祠、彰衍公祠、刘厝祠、萧厝祠、福茂内等;达300年的有是荷公祠、陈氏宗祠、忠浩公祠、阿婆祠(女祠)等;达200年的有榖侯公祠、伯进公祠、静岩公祠、逊若公祠、进士第。村中民居保存完好的有十进门、九十九个门、三壁连大厝和方伯第等。

龙湖村村貌(潮安区地方志编纂委员会办公室供图)

古寨一角（潮安区地方志编纂委员会办公室供图）

九宫八卦制式

寨内布局是先人按九宫八卦而设计，辟"三街六巷"。"三街六巷"之间，荟萃了各个年代的潮汕地区民居样式：线条洗练的宋式建筑，风格简约的明式建筑，华贵尚美的清式建筑，中西合璧的华侨建筑，由古至今，中西并蓄。这些建筑共同见证昔日"京都帝王府，潮州百姓家"的风范与气派。寨中宗祠、家庙百余座，女性祠堂"阿婆祠"、纪念老师的"先生祠"均为国内罕见；探花第、进士第、方伯第、大夫第、文翰第、太卿第、绣依第、儒林第等名宦府邸、商贾豪宅，天后宫等传统建筑，汇聚了潮州民间建筑的木雕、石雕、嵌瓷、彩绘、贝灰塑等装饰艺术。国内外众多专家学者赞叹"龙湖古寨是潮汕古建筑的博物馆，更是弥足珍贵的文化瑰宝"。2012年1月，龙湖古寨被南方日报社、广东省文联、广东省民间文艺家协会评选为"广东十大最美古村落"之一。

链接

龙湖村，位于潮州市潮安区龙湖镇南部，是镇政府所在地，面积3平方千米。该村地处韩江西岸，东至江东镇渡头村，南邻大巷村，西至鹳巢三村，北接三英村。现存有传统民居近百座，素有"潮州建筑博物馆""潮居典范"的美誉。

（供稿、复核：潮安区地方志编纂委员会办公室）

广东特色建筑

庙宇

南海神庙·广州市黄埔区

穗东街庙头村

◎ 南海神庙（黄埔区地方志办供图）

海上丝路神庙

南海神庙又称波罗庙，是古代祭海的场所，是中国古代东南西北四大海神庙中唯一留存下来的建筑遗物，也是我国古代对外贸易的一处重要史迹。它建于隋开皇十四年（594年），距今已有1400多年历史。建筑规模宏大，气势壮观，装饰精致，构思巧妙。

古庙地处珠江出海口，中外海船出入广州按例都要到庙中祭拜南海神，祈求出入平安、一帆风顺。

千年波罗诞

南海神庙庙会在每年农历二月十一至十三举行，其中十三为正诞，也叫波罗诞，即南海神诞。近年参观游览人数达数十万，已成为广州民间传统节庆活动。农历二月十四、十五则为花朝节。

"波罗诞"庙会是珠三角地区最具影响力的民间庙会，有着千年

◎ 波罗诞庙会（贾自豪摄）

历史。宋代诗人刘克庄的《即事》诗中，就描述了"波罗诞"庙会的盛况："香火万家，烟花二月时。居人空巷出，出赛海神庙。"庙会期间，珠江三角洲一带村民结伴从四面八方到黄埔的南海神庙，或祈福，或观光，或购物。"波罗诞"庙会是少见能保存至今对海神进行祭祀的活动。

花朝节活动（黄埔区地方志办供图）

南方碑林

自隋唐以来，历代皇帝都派官员到南海神庙举行祭典，庙中留下了不少珍贵的碑刻，有"南方碑林"之称。

链接

庙头村位于广州市黄埔区穗东街，东邻南湾，北至龙头山与夏园、双沙相连，西至广江路，南至珠江大蚝沙岛，隔珠江与番禺相望，辖区面积为6.57平方千米。该村具有丰富的旅游文化资源，西有南海神庙，南有待建海事博物馆，北有龙头山森林公园，还有宋代始建的张氏大宗祠等。

明太祖御碑（黄埔区地方志办供图）

（供稿、复核：黄埔区地方志办）

波罗诞庙会沿街巡游（黄埔区地方志办供图）

凤山祖庙·汕尾市城区

凤山街道凤翔社区

◎凤山祖庙

祖庙沿革

相传,"先有凤山妈祖,后有汕尾港"。几百年前,闽籍渔民漂洋过海捕捞谋生,带着保护神妈祖到凤山(原为水中之岛)开基创业,并建立妈祖庙。清康熙年间解除海禁,汕尾港得到巨大发展,出现"舟楫云屯、商旅雨集"的兴旺景象,凤山祖庙也因此于清乾隆七年(1742年)得以扩建,整座庙宇采用粤东建筑风格的三进两院布局,面阔三间,封火式山墙,硬山顶,称"金星抱印,龙虎相护",主体建筑面积840平方米。

1991年,凤山祖庙被批准为汕尾市文物保护单位,并获广东省文物管理委员会批准按凤山祖庙古建筑的原风貌修复,修复后的凤山祖庙保留了粤东地区特色,抬梁按传统的隼卯接合,桁桷接合以竹签固定,拒绝用铁钉,具有抗震和防腐蚀的特点。祖庙古建修复中的泥、木、石、泥塑,基本以当地民间艺人为主,庙宇设计由捷胜镇陈忠、泥塑雕像由省非遗传承人周仲富担纲,体现了当地古建队伍的精湛技艺。整座庙宇的木雕、石刻、泥塑、瓷贴雕、石影雕、壁画、彩绘等均采用历史掌故、地方戏剧、传奇故事、吉祥飞禽走兽等配饰,突出粤东古建富丽堂皇的特点。

▲ 天后阁（汕尾市地方志办供图）

天后阁

天后阁建于1993年，为妈祖庙后殿，左右设有钟、鼓楼。天后阁采用清代建筑风格的"重檐插翼歇山型"石木结构，用木材600多立方米，建筑面积782平方米。规模宏大，殿阁巍峨，飞檐流丹，融古典建筑学和现代建筑工艺于一体，极具闽南庙宇建筑风格。阁上有当代书法大师启功所题的"天后阁"匾和中国民俗学之父钟敬文所书的"钟楼""鼓楼"匾。

链接

汕尾市城区，简称汕城区，位于汕尾市老区中部，是汕尾市的中心城区，市委市政府所在地，是汕尾的行政、文化、金融、信息和国际展览中心。

（供稿、复核：城区地方志编纂委员会办公室）

云岗古寺·东莞市

石排镇埔心村

○云岗古寺（东莞市地方志办供图）

宋代古寺

云岗古寺始建于宋代，是东莞境内唯一拥有明清重修题记的古建筑。历经数百年，云岗古寺一度破败，几次重修，曾被改造为社学，成为教书育人之地。古寺既是佛教寺庙，又是道教洪圣宫。据当地老人介绍，附近曾有一座孔庙，已经倒塌，仅存废墟。

云岗古寺石雕（东莞市地方志办供图）

石雕细节（东莞市地方志办供图）

| 明朝石雕 |

云岗古寺门枕石雕装饰精美，梁架柁墩饰以麒麟、鱼龙等雕刻，具有较高史料和艺术价值。古寺旁边有一块红砂石碑刻，碑刻残缺，长1米，宽0.5米，似牌坊形状。洪圣宫第一进和第二进有门与古寺相通。2009年重修时，出土了一块制作于明万历三十三年（1605年）的石雕构件，石雕上有八仙图案，中间刻字仍然可见。

| 链接 |

埔心村位于东莞市石排镇中心区，地处东江下游，地理位置优越，土地面积2平方千米。村内有镇主干线石排大道穿过，西靠广深铁路，北与惠州市博罗县隔江相望，水陆交通便利，距东莞市区23千米。

（供稿：石排镇政府；复核：东莞市地方志办）

报恩禅寺·中山市

黄圃镇三社社区

远观报恩禅寺（黄圃镇档案馆供图）

园林式禅寺

报恩禅寺，原名观音庙，始建于清康熙二十三年（1684年），1987年由香港同胞牵头重建，1995—1998年扩建斋堂和大雄宝殿，修建题有"甘露寺"的大门楼。1999年改名"报恩禅寺"，2003年后陆续扩建和重修，形成山门、天王殿、大雄宝殿、观音殿、药师亭、斋堂、客堂、慈济苑及颇具规模和气势的万佛殿。该寺现占地面积6670平方米，建筑面积3500平方米。寺内精美的建筑设计与园林景观浑然一体，庄严典雅，是中山观光旅游景点之一。

报恩禅寺鱼池（黄圃镇档案馆供图）

◎甘露门（黄圃镇档案馆供图）

禅寺变迁

寺院原是位于黄圃三社社区鼓楼坊山麓处的小观音庙，于清嘉庆年间移建到山脚。1964年黄圃受十二级强台风吹袭，观音庙倒塌荒废。1987年，在原址上复建观音庙。宗教管理部门接管后，经一系列有规划的修葺和改建扩建，报恩禅寺逐渐成为一处精巧雅致、颇具观光性的佛寺。

链接

三社社区位于中山市黄圃镇旧城区，东与鳌山村、南与永平社区、西与兆丰村、北与镇一村相接。面积1.60平方千米。社区教育、医疗、卫生等基础设施较完善，居住环境良好。三社社区先后获广东历史文化名村、广东省城市体育先进社区、广东省"六好"平安和谐社区等荣誉称号。

◎报恩禅寺阶梯（黄圃镇档案馆供图）

（供稿：冼云嫦；复核：中山市地方志办）

北帝庙·江门市台山市

斗山镇浮石村

北极殿（台山市地方志办供图）

北帝庙渊源

北帝庙又称北极殿，建于明洪武年间，供奉北方真武玄天上帝（人称北帝）。传说北帝能治水降火，解除水患，统率所有水域安全。门口有对联"萃坎离而归一；比天地以为三"，表达了建庙者的良好愿望。

北帝庙牌坊（台山市地方志办供图）

三百载古风

北帝庙红墙绿瓦，古木参天，风景秀美。在大门的正前方写着"北极殿"，走进去，有一座龟池，中间有一只大石龟，龟池的两旁各有一尊塑像，右边是刘元帅，左边是庞元帅。寺庙中殿供奉北帝像，左右殿供奉观音像、韦陀像、华佗像、十二奶娘像和包公像。

每逢农历三月三和九月九，北帝庙所在的浮石村便组织民间艺术队伍，如舞龙队、彩旗队、醒狮队、八音锣鼓队等进行巡游活动。村民抬着北帝像出游祈福，加上飘色，形成一种特定的岁时节令庙会，至今已有300多年历史。

链接

浮石村位于江门市台山市斗山镇东部，是赵姓族人聚居的村落。建村于明洪武十三年（1380年），距今已有600多年历史。浮石村历史源远流长，文化底蕴深厚，先后被评为中国历史文化名村、广东历史文化名村、中国传统村落、广东省古村落、中国民间艺术（飘色）之乡、广东省民族民间艺术之乡。

北极殿飞檐（台山市地方志办供图）

（供稿、复核：台山市地方志办）

徐闻孔庙·湛江市徐闻县

南山镇二桥村

○ 徐闻孔庙（陈李琴摄）

七百年斯文不辍

徐闻孔庙始建于元代大德七年（1303年），已有700多年历史。原址位于今湛江市徐闻县南山镇二桥村，后屡经修葺，并随县治变迁而多次易址。明弘治十四年（1501年）迁建于今徐城街道宾朴路徐闻第一中学校内；清道光十七年（1837年）重建；民国以来，因年久失修，加上人为拆毁，原貌不存。现仅有大成殿，三开间，坐北向南，面阔24米，进深13米。

徐闻孔庙明代为徐闻县治的学宫，清末县学将其改为徐闻县高等小学堂，后在1938年改为现在的徐闻县第一中学。孔庙学宫见证了从尊孔尚儒到现代教育的历史变迁，历时700余年书声不断。

1986年县政府拨款重修大成殿，1990年徐闻一中自筹资金修复泮池。

◎孔庙两侧的古枇杷树（陈李琴摄）

甘棠雨露

庙门外有两株古枇杷树，长势盎然，枝叶繁茂，被誉为"甘棠雨露"。徐闻孔庙前的抱鼓石为螺旋纹，又称为螺鼓石，保存完好。

◎抱鼓石（陈李琴摄）

链接

南山镇位于湛江市徐闻县西南部，地处祖国大陆最南端，东与海安、曲界、龙塘接壤，南濒琼州海峡与海南省海口市隔海相望，北接徐闻县城。

（供稿：黄飞凤；复核：王保国）

◎泮池（陈李琴摄）

护龙祖庙·肇庆市端州区

黄岗街道前村

○ 护龙祖庙（郭剑泉摄）

道佛护龙第一庙

护龙祖庙始建于明洪武二十三年（1390年），重建于清嘉庆十六年（1811年），清同治十年（1871年）重修，1915年又重修。有"道佛护龙第一庙"的美誉，1984年被公布为肇庆市文物保护单位。

○ 护龙祖庙正门（郭剑泉摄）

绿琉璃瓦和屋脊上灰塑（郭剑泉摄）

护龙祖庙牌匾（郭剑泉摄）

三进四合院

护龙祖庙坐北向南，砖木结构，硬山顶，灰塑博古脊，绿琉璃瓦滴水剪边，由前殿、香亭、两廊、后殿组成，为三进院落四合院式布局，面积136平方米。墙体结构及外面装饰美观，前门及大殿屋脊上，用贝壳灰舂黏后塑成两条东西相向的巨龙，两龙中间嵌一颗珠，称"二龙吐珠"。庙内存有书于清嘉庆十六年（1811年）的匾额"护龙祖庙"和书于清朝的楹联两幅。瓦檐口内侧刻山水人物、飞禽走兽浮雕。

链接

前村，位于肇庆市端州区黄岗街道北部，距离街道办事处约8千米，现为城中村，东近星湖大道，南接东岗路，西靠肇庆大道，北邻大冲村，三茂铁路从村东经过。

柁墩（郭剑泉摄）

（供稿、复核：端州区史志办）

怀城文阁·肇庆市怀集县

怀城镇兴贤村

○ 怀城文阁（怀集县地方志编纂委员会办公室供图）

知县建阁

怀城文阁始建于明万历四十七年（1619年）八月，明天启元年（1621年）三月竣工，为知县谢君惠所建。

上塔下院

怀城文阁由书院和文昌塔两部分组成。书院坐东向西，面阔三开间，进深两座厅堂，厅堂两侧设两廊，是一座四合院式建筑。硬山顶，灰塑博古脊，石门框。总面阔14米，总建筑面积576平方米。文昌塔高25米，共分五层，塔体从底层开始都是六角形。正门上方书"梯云"，每层窗口从下至上依次书"得禄""桂籍""参天""文阁"字样，取"万般皆下品，唯有读

○ 文昌晨曦（怀集县地方志编纂委员会办公室供图）

○ 兴贤村村貌（李伟锦摄）

书高"之意。每层檐下描有花纹图案，顶端铁杆上串有一瓷葫芦，六角均装有翘首，工艺精巧。

书院部分于20世纪50年代被拆除，1991年怀集县人民政府按原貌修复。

2008年11月，怀城文阁被公布为广东省文物保护单位。

| 链接 |

兴贤村，位于肇庆市怀集县怀城镇。村中有大理石厂、"双凤"面条加工厂、机械维修厂、粮食加工厂、木材加工厂、建筑工程队、豆制品加工厂以及商店、饮食服务等个体工商企业。

○ 五层文昌塔（怀集县地方志编纂委员会办公室供图）

（供稿、复核：怀集县地方志编纂委员会办公室）

张公庙·云浮市郁南县

连滩镇雅召村

◎ 张公庙牌坊（郁南县地方志办供图）

| 张公庙 |

张公庙位于云浮市郁南县连滩镇，是云浮市保存较完整的明代古建筑。该庙具有鲜明的建筑艺术特色，凝聚了明清时期的民俗文化，体现了古庙建筑艺术的独特风格。张公庙坐西南向东北，原是由内外建筑物构成的建筑群体，主要建筑有前殿、正殿、四角亭、配殿和回廊，前后院有戏台、炮台、六角亭、灰砖塑狮子和围墙等附属建筑。中华人民共和国成立之后，后院的炮台等附属建筑被拆，原地修建一座粮仓，前院的戏台、门楼、围墙、双狮等建筑于"文化大革命"期间被拆除，现仅存主要建筑面积1900平方米。

| 诗词画壁 |

张公庙三开间两进，前为前殿，中为四角亭，后为正殿，两旁为配殿和回廊。布局均衡对称，平面呈方形。堂壁上刻有各种诗词和彩画，镶着工艺精湛的各式各样的雕刻画案。建筑梁架上的柁峰、斗拱、檐板等构件形制，展现明、清两代南方建筑艺术特色。

张公庙正门（郁南县地方志办供图）

| 链接 |

连滩镇位于云浮市郁南县，是郁南县南部地区的商贸、文化中心，广东省中心镇。2000年被国家文化部命名为"中国民间文化艺术之乡"，2014年1月被广东省农业厅评为广东省名镇。

（供稿：连滩镇政府；复核：郁南县地方志办、郁南县博物馆）

张公庙（郁南县地方志办供图）

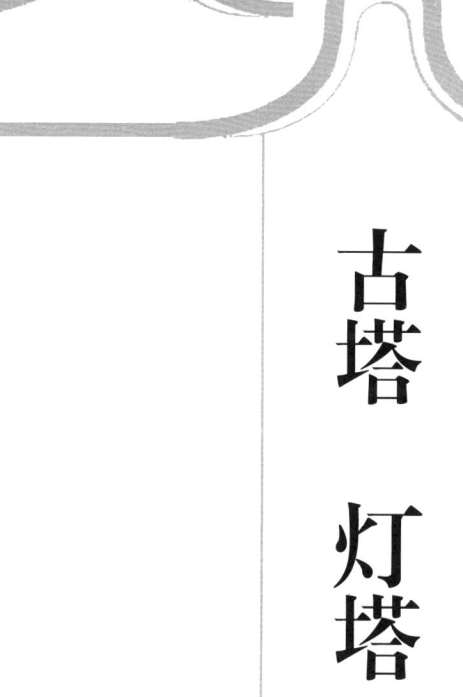

广东特色建筑

古塔 灯塔

腾辉塔·汕头市龙湖区

鸥汀街道鸥上村

◎腾辉塔全景（龙湖区地方志办供图）

别名蓬洲塔

腾辉塔建于清乾隆三年（1738年），已有280余年历史，因昔时鸥汀属蓬洲都，故《潮州志》称该塔为"蓬洲塔"，当地乡民称之为"鸥汀塔"。2014年，该塔被公布为省级文物保护单位。

塔上塔

腾辉塔结构严谨，浑然一体，具有国内罕见的"塔上塔"建筑造型，建造风格独特。

◎塔上塔（龙湖区地方志办供图）

该塔坐东南向西北，是贝灰砂混合夯筑。塔的平面为六角形，共7层，高20.3米，底层外围17米，塔内空心。第一层正面辟一外方内拱形门，二至七层每面辟拱形窗，窗均排列在同一直线上。塔身逐层递减，收分适中。这座七层楼阁式的小古塔，上方还有一座六角五级仿楼阁式小宝塔作为塔刹，塔刹为青砖砌筑，除各转角处无丁头拱外，其外观与塔身基本相同，造型独特。这种特殊的结构使腾辉塔极具建筑美感，宏伟且细腻、协调且丰富。该塔正门匾额镌刻"腾辉塔"三字，为邑人辛昌五题。两边有对联"七层耸壮丽之观云蒸霞蔚；五岭盛衣冠之气凤骞鸾翙"。

腾辉塔门（龙湖区地方志办供图）

| 腾辉倒影 |

昔时腾辉塔的东北侧有一个大池塘，池堤种植垂柳，塔的南侧有小溪流，每当微风吹来，水波荡漾，塔影倒映在池塘中美丽如画，名为"腾辉倒影"，被评为鸥汀八大胜景之一。近年来，随着城市发展，池塘被填平。龙湖区计划在腾辉塔周边规划建设腾辉文化公园，同时于塔外增修一片池塘，恢复昔日"腾辉倒影"的美景。

塔身局部（龙湖区文化馆供图）

| 链接 |

鸥上村位于汕头市龙湖区鸥汀街道中南部，始建于南宋理宗年间，古时与鸥下村合称"鸥汀背寨"，是当年韩江下游四大名寨之一。村内还有宗祠等传统建筑多座，有一座鸥上治生桥（又名"辅彩桥"），保留有灯首盛会等民俗活动。

（供稿：龙湖区地方志办；复核：汕头市地方志办）

文武阁塔·韶关市武江区

龙归镇董村寺村

○ 文武阁塔远景（武江区地方志办供图）

临河而立

文武阁塔始建于清嘉庆十一年（1806年），重修于2006年，为市级文物保护单位。江湾河绕塔而过，东北面与董村寺村隔河相望。

六角五层砖塔

文武阁塔为六角五层楼阁式砖石塔，高15.56米，内外表面均用石灰浆抹面。塔基石砌，首层塔门西向，拱形，石灰岩石砖砌筑，门楣有阳刻"文武阁"三字，每字约0.15平方米。塔首层边长3.6米，高3.9米，门高1.8米、宽1.06米，墙厚0.78米。每层用挑檐砖和菱角牙砖交替叠涩出檐。塔身从第二层开始逐层递减。塔内原有楼梯、楼板，层层可登。

广东特色建筑

曲径通幽（欧阳征禄 摄）

文武阁塔（武江区地方志办供图）

真假拱形门

各层开有数量不等的拱形门和拱形假门，塔身第二层正西面开一圆形窗，西南、西北两面各开一拱形门。第三和第五层塔身正西面开一拱形门，正东面相同，余各面设拱形假门。第四层东南、东北面各开一拱形门，余为拱形假门。塔顶在1947年毁于国民党军炮火。

链接

董村寺村位于韶关市武江区龙归镇西部，距镇政府约7千米。该村始建于唐代，因佛教中出家修行者定居在此，开垦荒地、修建了董村寺，后逐渐有人搬迁到此处居住而形成一个村落，该村以寺庙而闻名，故取名为董村寺村。

（供稿：董素梅；复核：欧阳征禄）

云龙寺塔·韶关市仁化县

董塘镇安岗村

◎ 云龙寺塔与文物碑记（仁化县史志办供图）

唐代古塔

云龙寺塔是广东境内唯一的国家级唐代古塔，1988年被公布为国家级重点文物保护单位。距塔200米处有一寺庙，原名西山寺，清代更名为云龙寺，塔也因此更名为云龙寺塔，沿用至今。该塔保留唐代建筑风格，塔基四周残存大量唐代莲花瓣瓦当。1964年，广东省博物馆鉴定该塔建于唐乾宁光化年间。清同治年间编的《仁化县志》载："此塔为仰山禅师塔。"

○ 云龙寺塔局部（仁化县史志办供图）

破土玉笋

云龙寺塔通高10米，等边长2米，五层四角，为斗拱平檐楼阁式砖构实心塔。塔每层设4扇壶门，共20扇，均开在塔四面正中位置。各层腰檐和假平座成直线正中排列。仿木砖砌倚柱、额枋、斗拱、檐枋等造型，檐上及首层叠涩须弥座置一锥形小室。用铜灰色夹心砖膏泥砌筑，黄泥膏浆粘接。该塔如破土玉笋，壮志冲天，仪表俊美，形容古拙，造型堂皇，神韵四溢，展现出典型唐代方形砖塔风格。

链接

董塘镇位于韶关市仁化县城西南12千米，省道S246线贯穿墟镇，2002年被广东省人民政府确立为中心城镇。境内有巴寨、燕岩、大石山、飞花瀑布等景点，被划入丹霞山风景名胜区。

○ 云龙寺塔全貌（仁化县史志办供图）

（供稿：谢嘉文；复核：仁化县史志办）

松口元魁塔·梅州市梅县区

松口镇铜琶村

◎青山绿水中的元魁塔（梅县区地方志办供图）

票花古塔

元魁塔，始建于明万历四十七年（1619年），竣工于明崇祯二年（1629年），由邑人吏部侍郎、翰林学士李士淳（号二何）募资建造。选址在梅溪出口"狮象把水口"处，依崖傍水，气势雄浑。初建时，该塔名为松口塔，李士淳中会魁的第二年改为元魁塔。元魁塔为省级文物保护单位，1982年收录进广东省邮电局发行的十大名塔邮票，1990年入选国家邮政明信片图案。

八角九层砖塔

该塔高41米，塔门坐东南朝西北，为八角形平面布局的仿楼阁式九层砖石塔。塔底层以方块花岗石作基础，其余各层全为青砖砌筑。二至八层均有两两对开的四个瞭望口，隔层对应，错落有致。塔阶为"穿壁绕平座"结构，各层塔门窗逐层交错砌置，仅顶层平座设栏杆围绕，塔檐下彩绘有龙、豹、麒麟等动物图案装饰。塔的最顶端嵌有底径约1.5米、重达万余斤的铁铸宝葫芦。游人欲登塔顶，可沿塔内154级螺旋形石级盘旋而上。登上塔顶，凭栏远眺，田间村庄，翠竹绿林，令人心旷神怡；俯视梅江，浪花飞溅，湍流回旋，让人心潮澎湃。塔底正门门额署"元魁塔",有李士淳撰写的对联"澜向阁前回,一柱作中流之砥;峰呈天外秀,万年腾奎璧之光。"塔下左边有文昌阁,为当年李士淳藏书授课之所。

塔下潭影

元魁塔下,称塔下潭。当江水涨满时汹涌澎湃,万马奔腾,景象壮观。300多年来,元魁塔一直矗立在梅江北岸,华侨出洋乘船,必经此塔。离乡背井的人们,每至此地都会不约而同地翘首仰望它的雄姿,依依不舍而去。多少年来,这座象征家园的古塔一直矗立在海外赤子心中。

链接

松口镇,位于梅州市梅县区东北部,坐落于梅江下游。自松口、松东、松南三镇合并后,成为梅县区第一大镇。地理位置优越,水陆交通方便,梅坎铁路、省道S223线、S332线及梅州市梅县区白渡镇至大埔三河坝国防公路贯穿该镇,是周边乡镇重要的商贸集散地。

○ 仰观元魁塔(宋志峰摄)

○ 元魁塔下水满潭(宋志峰摄)

○ 松口镇镇貌(宋志峰摄)

(供稿、复核:黎志康)

金鳌洲塔·东莞市

万江街道金鳌洲村

○金鳌洲夜景（东莞市地方志办供图）

束水古塔

金鳌洲塔始建于明万历二十五年（1597年），明天启四年（1624年）竣工。清乾隆二年（1737年），倾圮重修。

该塔位于东江东莞水道与万江河的交汇处，由于四周地势较低，两河水交汇处没有高山夹水以束水道。相传，修建此塔，是希望能"束水口"，让这里的水"回顾有情"。据明代郭九鼎所撰《金鳌洲塔记》，东莞段东江水自东向西，左有黄岭，右有罗浮，故在此建塔控制"大江中流"。

○远观金鳌洲塔（东莞市地方志办供图）

建筑特色

金鳌洲塔为八角九层仿楼阁式砖室塔，高50.96米（包括塔基和塔刹），塔基用暗红色红砂岩叠砌在天然岩面上，塔身用青砖砌筑而成。由于历年地面多次垫高，塔基被埋。该塔外观逐层递减收分，比例均匀，高耸挺拔。塔腔为穿壁绕平座结构，塔身各面饰以仿木构柱、额及门。真假门交错而置，额枋塑有卷草龙、缠枝莲纹图案。各层用菱角牙砖与挑檐砖相间叠涩出腰檐及平座，平座上置木构寻杖栏杆，栏杆与塔腔阁板为1992年重修所置。塔顶由铁铸覆盆、六级相轮等组成塔刹，刹尖与相轮间置一铜葫芦。顶端瓦檐口的8个角均置有铁铸响铃。塔刹中心柱为实木。

塔身（东莞市地方志办供图）

链接

金鳌洲村位于东莞市万江街道金泰社区，地处金鳌、鳒鱼两洲的洲头。有人认为此地"雁落平沙，控制大江中流"，是"东莞的关锁"，故于明万历二十五年建金鳌洲塔，历时27年完工。明崇祯九年（1636年）立村，以塔名为村名。

额及门额枋（东莞市地方志办供图）

额及门（东莞市地方志办供图）

（供稿：万江街道办；复核：东莞市地方志办）

登云塔·湛江市徐闻县

徐城街道后宫村

登云塔全貌（陈李琴摄）

登云塔由来

登云塔于明万历四十三年（1615年）破土奠基，明天启三年（1623年）建成。因登云塔建塔时，原址有一学馆名为登云馆，故名，一直沿用至今。

八角七层砖塔

登云塔俗称"风塔"，为平面八角形七层楼阁式砖室塔，高36.41米。每层有内室，体积自下而上逐层递减，踏跺（石阶）设在夹墙中，共有190级阶梯，逆时针方向拾级向上。塔门向东，门额有石匾，刻有"登云塔"三个大字。

雁塔嘲风

塔的每角装有铁鹦鹉，鹦鹉嘴上挂着一只铜铃，清风徐来，铜铃作响，别有一番韵味。登临绝顶可以俯瞰全城风光，每逢丽日晴天，还可远眺南海千帆，琼岛风光，素以"雁塔嘲风"列为徐闻八景之一。

此塔建筑工艺奇特，对研究明代古建筑具有很高价值。1983年3月，被公布为徐闻县第一批文物保护单位。1999年，被公布为湛江市文物保护单位。

| 链接 |

后宫村位于湛江市徐闻县徐城街道偏西，属附城社区。明正统年间建村，因位于南关武馆后面，故名后宫村。

鹦鹉铜铃（陈李琴摄）

（供稿：黄飞凤；复核：王保国）

登云塔夜色（林宇航摄）

渡头元魁塔·肇庆市端州区

黄岗街道渡头村

▎渡头古塔 ▎

元魁塔俗称二塔，位于黄岗街道厚岗行政村渡头村。始建于明天启三年（1623年），相传为渡头村梁挺芳、梁挺高兄弟同科中举仕途畅通之时回乡所建，故名"元魁塔"。

▎江边斜塔 ▎

元魁塔为楼阁式八角塔，塔高27米，外观7层，内为10层，其中1—3层属穿壁绕平台结构，有夹（暗）层；4—10层内为直筒式结构，可搭便梯上下，但外观与下面塔层保持一样，为出腰檐平台栏杆的楼阁式。属楼阁式穿壁绕平座砖石塔，塔身为砖木结构，塔丛为石，塔刹为铁。造型自下而上每层高度按比例减少，塔檐及平座逐渐收缩。元魁塔内结构

◎元魁塔全貌（郭剑泉摄）

◎塔内阶梯（端州区地方志办供图）

有穿壁绕平台结构和直筒式结构两种形式，独具特色。该塔向东南倾斜68厘米，斜而不倒。1984年11月被公布为市级文物保护单位。1985年曾对该塔进行全面测量，1997年维修。

链接

渡头村位于肇庆市端州区黄岗街道，距街道办事处约2千米。东接塘尾村，西邻厚岗村，南临西江，北靠建设二路，现为城中村。元魁塔是渡头村主要文物遗迹。

◎元魁塔内部（郭剑泉摄）

◎元魁塔首层（端州区史志办供图）

（供稿、复核：端州区史志办）

鳌头塔·清远市清新区

太和镇塔脚村

◎ 鳌头塔（钟洁华摄）

回澜飞水塔

鳌头塔坐落于清远市清新区回澜飞水口的西岸，俗称飞水塔，始建于明万历十三年（1585年）。相传，滨江河口与北江交汇处有一条凶恶的鳌鱼经常吞噬过往船只，严重影响了清远城和滨江人民的生计。于是，地方乡绅集资在西岸建造了一座塔，以镇住鳌头，故称鳌头塔。2010年被公布为广东省文物保护单位。

清远八景之一

鳌头塔为九层八面楼阁式，砖造，五平列狗牙砖出檐，下塑花纹，第二层刻有"高占鳌头"四字。塔高29.7米，每面3.4米，建筑面积55.8平方米。鳌头塔是当时清远重要的地域标志，在清代被誉为清远八景之一。

几经修复

清顺治十一年（1654年）分守道陈贽重修；清康熙三十二年（1693年）火毁，知县张象乾主持修复；清雍正七年（1729年）为台风所毁，十一年（1733年）知县夏宗谨修；清道光二十年（1840年）绅士郭志融、谢纯、朱来章、雷应时等用公项修；清咸丰七年（1857年）二月毁于战火；清同治元年（1862年）绅士朱润芳、雷应时、阮壁光等动公项修复。2008年再次重修。

鳌头塔局部（钟洁华摄）

链接

塔脚村位于清远市清新区太和镇东南部，在清远城西3千米，滨江和北江交汇处。明万历十三年建村，因村位于宝塔边，故名。塔脚村地处北江河畔，面积3.3平方千米，下辖11个村民小组。

塔脚村村貌（谢云龙摄）

（供稿：朱健明；复核：钟洁华）

慧光塔·清远市连州市

连州镇城东社区

塔始南北朝

据《连州志》记载，慧光塔始建于南北朝宋泰始四年（468年），现存建筑为宋代重建。

六角九层砖塔

慧光塔坐西向东，为六角九层楼阁式砖室塔，占地面积15平方米，保护面积4600平方米；通高49.87米，其中塔刹高7.77米。首层边长4.7米，墙厚2.89米，隔一面开一门，共开三门，皆通塔心室。首层塔心室平面六角形，用砖砌倚柱和斗拱，斗拱上承托木枋和楼板。塔体外表面砖仿木构件，各层每面均以倚柱分三间，首层用外弧人字形砖拱承托坐斗，再在坐斗上置鸳鸯交手拱。二层以上均有腰檐和平座，平座上施木制勾栏。腰檐每面均以三朵补间铺作承枋，枋上以菱角砖和挑檐砖叠涩出檐。二层以上每层均辟圭形真门二个和假门四个，穿壁绕平座折上可登临各级。塔刹为铁铸，由覆钵、露盘、相轮、宝盖等组成。

建筑地位

慧光塔对研究我国古代南方宗教发展史及文化交流史具有较为重要的价值，其鸳鸯交手拱对研究宋代的建筑工程技术与建筑艺术具有重要意义。

1985年7月，国家文物局拨款下达维修慧光塔任务，成立"连县慧光古塔修缮委员会"，广东省文物管理委员会指定华南工学院（今华南理工大学）邓其生教

◎ 慧光塔新貌（连州市地方志办供图）

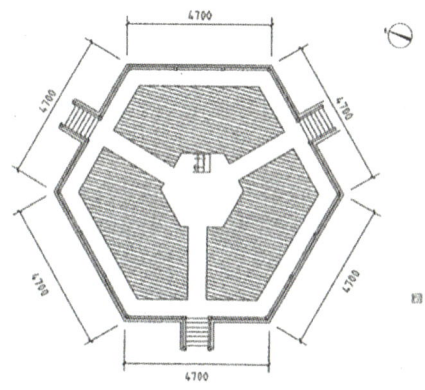

慧光塔首层平面示意图（连州市地方志办供图）

授和杨伟光教授负责塔身复原及基础加固的设计工作。1986年2月20日开始动工钻探，至4月18日勘探清楚塔基情况；10月7日开始实施基础加固工程，同年底全面完成。

2005年重修，主要修复回廊，外墙批荡。2006年，被国务院公布为第六批全国重点文物保护单位。

链接

连州镇位于清远市连州市西南部，东接龙坪镇，南邻九陂镇，东南接西江镇，北连保安镇，西北接西岸镇，西与连南瑶族自治县相连。是连州市人民政府所在地，全市政治、经济、文化中心。国道G107线、G313线，清连高速公路以及省道S114线贯通全镇，是粤、湘、桂三省区的物流中心和交通枢纽。辖区总面积177.1平方千米。居民通用多种方言，以白话（粤语）、河村话、四会话、客家话较多。

慧光塔旧貌（连州市地方志办供图）

（供稿、复核：连州市地方志办）

© 连州镇镇貌

蚊尾洲灯塔·珠海市香洲区

担杆镇蚊尾洲岛

◎ 蚊尾洲岛（万山区管委会供图）

海上烽火台

蚊尾洲岛在香洲区东南部，距离香洲64千米，是珠江口外最南端的岛屿。清光绪十六年（1890年）由英国人于岛南高地的独立岩峰上建造灯塔。蚊尾洲灯塔为白色圆柱形石塔，由灯具与塔身构成，塔身主体由石材构筑，上部是白色玻璃钢灯笼，塔高18米，灯高43米，射程15海里。白色、方身、球形顶，结构错落有致，是保存较为完整的百年老灯塔。蚊尾洲灯塔是珠江口外较早设立的一处重要的海上导航设施，中华人民共和国成立后，蚊尾洲灯塔为恢复航运和港口生产作出了重要贡献，至今仍在发挥着重要作用。

◎ 灯塔一角（万山区管委会供图）

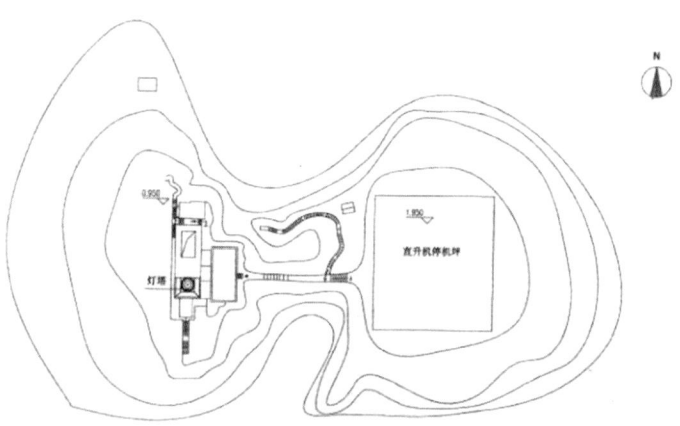

蚊尾洲灯塔总平面图(摘自《珠海市万山区不可移动文物名录》)

时代新貌

蚊尾洲灯塔建成后沿用至今,为进出广州、香港的船只导航。蚊尾洲灯塔在1990年5月前使用乙炔气作为能源,1990年5月以后改为太阳能并安装雷达应答器,同时,加装了无线电导航设施。2012年被公布为广东省文物保护单位。

链接

蚊尾洲岛位于珠海市香洲万山,是珠江口外最南端的岛屿。东距平洲岛2.8千米,东北距黄茅洲岛1.95千米,北距香港58.2千米,面积0.022平方千米。

(供稿:万山海洋开发试验区党政办;复核:珠海市地方志办)

北回归线标志塔·汕头市金平区

鮀莲街道莲塘村

地理标志

北回归线为太阳直射点的最北端，也是北温带和热带的分界线。汕头市北回归线标志塔，位于东经116°35′8.78″，北纬23°26′32.49″，建于莲塘村鸡笼山南麓，1985年动工，1986年竣工。1994年被公布为汕头市文物保护单位。

汕头北回归线标志塔（邱文化摄）

规模概貌

标志塔高13.6米，底宽30米，由基座、支柱和地球模型三部分组成。塔上部是一个直径5米的空心地球模型，球体是钢筋混凝土结构，球面贴上黄、蓝、白各种颜色的玻璃马赛克，海陆分明，球心垂直贯穿直径40厘米、长5米的不锈无缝钢管，可仰窥蓝天。塔下半部四面以"北"字形的钢筋混凝土柱承托，镶上磨光的汉白玉石片。塔基是二层圆形平台，直径分别为17.2米、26米，平台铺上花岗岩石板，并从东向西用黑色大理石铺设一道黑线象征着北回归线。平台围栏高一米，塔位占地面积200多平方米。

北回归线标志碑记（邱文化 摄）

汕头北回归线标志石刻（邱文化 摄）

北标窥日

每年夏至正午，当太阳光直射北回归线塔时，日光穿过管孔垂直投射于观赏台中心黑石圆点上，可见"立竿不见影"的天文现象。1991年，被评为鮀岛新八景之一——"北标窥日"。

链接

莲塘村，又名鮀西（池边），位于汕头市金平区鮀莲街道，坐落于桑浦山南麓，南濒榕江出海口，西与揭阳市揭东区地都镇相接。该村是潮汕地区人口规模最大的村落之一。

莲塘村村貌（林荣鑫 摄）

（供稿：邱文化；复核：汕头市地方志办）

硇洲灯塔·湛江市麻章区

硇洲镇孟岗村

硇洲灯塔全貌（湛江经济技术开发区党政办供图）

大型石灯塔

硇洲灯塔始建于清光绪二十五年（1899年），屹立在硇洲岛海拔81.6米的马鞍山之巅，是湛江八景之一。它给世界各地来往我国南大门——湛江港的船只指明了航向。在未建灯塔之前，硇洲人民早已在马鞍山顶上建立了石塔，置灯于塔上指引航向。

一石三形

灯塔工艺之精巧令人赞叹。灯塔的楼梯好似66级石阶盘旋着一条独竖的圆柱而上。其实不然，而是精心设计，细致雕琢，一石三形，三形三用：扇形的头部砌成

灯塔内置水晶磨镜（湛江经济技术开发区党政办供图）

◎ 高耸入云（湛江经济技术开发区党政办供图）

塔墙，等腰三角形的中部叠成阶梯，圆形的尾部构成中央的圆柱。每块石都按照塔身逐层大小的要求精心琢成，由塔基到塔顶浑然一体。

水晶磨镜

灯塔的顶部是鼓圆凸出于塔身的灯座室，装有由139片三棱透镜组成的水晶磨镜凸透镜。强大的光束通过水晶三棱镜，射程26海里。

链接

硇洲镇，位于湛江市麻章区东南海面上，是四面环海的岛屿，湛江港航道出口要冲，与东海岛毗邻。该镇是著名鲍鱼产地，有宋皇城遗址、宋皇村、宋皇井、窦振彪墓、硇洲灯塔等古迹。

◎ 硇洲灯塔内部楼梯（湛江经济技术开发区党政办供图）

（供稿：黄飞凤；复核：王保国）

灯楼角灯塔·湛江市徐闻县

角尾乡许家寮村

○ 灯楼角灯塔航拍（蒋国森摄）

大陆南端灯塔

灯楼角灯塔，亦称滘尾角灯塔，位于中国大陆最南端，是琼州海峡、南海诸岛和北部湾的重要航标灯，也是中国大陆最南端的标志物。此地旧称"尾角"，因建造灯塔，故得名"灯楼角"。

该灯塔建于清光绪二十年（1884年），坐西南向东北，高15米，灯光射程12海里，占地面积13.68平方米。灯塔所在地三面环海，东为角尾湾，南与海南岛澄迈相望，西临东场湾，有一角状沙滩前伸入海。

○ 残存的走廊青石穹壁（蒋国森摄）

塔连合水线

岛礁矗立海中，把琼州海峡与北部湾隔开，南北两股从不同方向涌来的潮水撞在一起，两股潮水的分界线原称"分水线"，后改称"合水线"。2016年，以冬休旅游目的地为主题的"中国大陆南极村"建设项目在角尾乡灯楼角正式启动。

◎ 合水线（蒋国森摄）

法国人居住区遗址

灯塔的东北角10米处留有一段30多米长的法国人居住区遗址。拱形石墙精工细琢，走廊青石穹壁、露天浴池和贮水池等，均为西洋建筑风格。房屋在1984年被拆毁，仅剩走廊青石穹壁，浴池等被掩埋。

链接

许家寮村位于湛江市徐闻县角尾乡南部，东连上寮村，西接上寮仔村，北与下寮仔村相接，南濒琼州海峡，与海南岛隔海相望，相距18海里。地理位置特殊，历来是兵家必争之地。该村亦是角尾有名的侨乡。

（供稿：黄飞凤；复核：王保国）

◎ 中国大陆最南端标志塔（蒋国森摄）

广东特色建筑

其他

梅溪石牌坊·珠海市香洲区

前山街道梅溪村

○ 梅溪石牌坊（香洲区档案馆供图）

石建筑艺术珍品

梅溪石牌坊现存两座，分别为建于清光绪十二年（1886年）的"急公好义"坊和建于清光绪十七年（1891年）的"乐善好施"坊，是光绪皇帝为表彰陈芳及其家人为家乡多作善举而赐建。

牌坊用花岗岩建造，榫卯结构，庑殿顶，石斗拱，石阑额，石柱下置角柱石、须弥座，脊上立鸱吻、鳌鱼和火焰宝珠，雕刻花卉、瓜果、人物、瑞兽、暗八仙等。梅溪牌坊集西方的装饰风格和传统的中国建筑结构为一体，中西合璧，浑然天成，堪称石建筑艺术珍品。

急公好义

"急公好义"坊，高12米，宽12.2米，深4.6米，双庑，八柱三间三牌楼，左右悬"忠诚""利济"石匾，中间悬"圣旨"和"急公好义"石匾。在"急公好义"石匾上，落款刻"光绪十二年八月六

○ "急公好义"石匾（珠海市地方志办供图）

梅溪石牌坊夕照（谢儒帧摄）

日奉　钦加二品顶戴并加阶荣二级花翎候选道前霞威仁国领事官陈国芬敬建"。

乐善好施

"乐善好施"坊，高10.1米，面阔9.4米，进深4.6米，单庑，4柱3间3牌楼，左右悬"会泽""仁阶"石匾，中间悬"圣旨"和"乐善好施"石匾。在"乐善好施"石匾上，落款刻"光绪十七年六月二十日奉　钦加同知府臣陈乐宾　承为先父光禄寺署正诰赠奉政大夫陈应芝诰封五品太宜人母陈吴氏敬建"。

"乐善好施"石匾（珠海市地方志办供图）

链接

梅溪村位于珠海市香洲区前山街道梅溪社区，梅界路和旅游路交会处。村内有陈芳故居、梅溪石牌坊、梅溪大庙、陈氏大宗祠等古建筑，开辟了梅溪牌坊旅游区。

（供稿：香洲区地方志办；复核：珠海市地方志办）

天褒节孝坊·汕头市金平区

鮀莲街道大场村

◎ "天褒节孝"坊（邱文化摄）

牌坊渊源

天褒节孝坊是清乾隆八年（1743年）为旌表节孝殉节的儒士林文辑之妻郑氏，由兵部尚书马如麟等奉旨建造。清代澄海县金场乡（1946年起易名为大场乡）乡民林文辑，娶揭阳县邹堂乡郑氏为妻，生二子后突染病身亡，年仅27岁的郑氏矢志坚守，含辛茹苦扶养两小儿。后兄弟俩奋发攻读，孝顺倍加，又经商致富，家声振兴，在当地传为美谈。清政府赐建节孝坊，并题赐"天褒节孝""奕世传芳""恩荣"等匾额。

三门四柱

天褒节孝坊是一座三间四柱的高大石质结构牌坊,高7米,宽7米,深0.43米,占地面积14平方米。该坊为花岗岩构筑,造型别致,石艺精湛,分三门四柱,柱顶三层用30多件规格不一的石梁石砖构筑而成。中门正面匾额刻着"天褒节孝"四字,背刻"奕世传芳"四字。整个坊亭的梁担、梁顶都配有精美细腻的人物、龙、麒麟、狮子、花鸟等石刻浮雕。牌坊现保存完好。

链接

大场村,曾称溪头仔村、金场乡,位于汕头市金平区鮀莲街道东南部。始建于宋朝,有近千年历史。2016年,人口约8000人,主要有林、许、柯、卢等13姓。

牌坊上的精致石雕（邱文化摄）

（供稿：邱文化；复核：汕头市地方志办）

大场村村貌（金平区地方志办供图）

进士坊·河源市和平县

下车镇兴隆村

○进士坊（李锦尧摄）

清代进士坊

进士坊，始建于清代，由进士徐廷芳兴建。三间四柱三楼式，歇山顶，檐下灰塑卷枝花纹。明楼中镶嵌红砂岩石匾，竖排阳刻楷体"恩荣"二字，二层红砂岩石坊额，横排阳刻楷体"进士"二字，落款是"乾隆七年壬戌科会试中式七十二名徐廷芳立"。

○兴隆村村貌（徐锦弈摄）

一门三进士

徐廷芳及孙徐延泰、曾孙徐旭曾祖孙三人皆进士,谓"一门三进士"。

徐廷芳,为清乾隆七年(1742年)壬戌科金甡榜72名进士,扶风知县,授文林郎。

徐延泰,徐廷芳孙,清乾隆三十一年(1766年)丙戌科张书勋榜196名进士。

徐旭曾,徐廷芳曾孙,清嘉庆四年(1799年)己未科姚文田榜67名进士。授福建司、四川司主事,加一级奉政大夫。辞官归乡后掌教广州粤秀书院、惠州丰湖书院,著有《梅花阁吟草》及论述客家历史文化的《丰湖杂记》等。与宋湘互为酬唱,为当时岭南著名的客家诗人。

徐廷芳像(李锦尧摄)

链接

兴隆村,位于河源市和平县下车镇西南部,距离镇政府约3千米。村落形成于元代,徐德隆于元至元十六年(1279年)隐居广东龙川兴隆密石寨下,其次子徐仲富世居龙川兴隆而形成。徐氏家族历来崇文重教,传承客家人耕读传世的优良传统。

(供稿、复核:和平县地方志办)

孝阙流芳石牌坊·梅州市梅县区

雁洋镇歌新村

○ "孝阙流芳"牌坊（雁洋镇党政办供图）

冲天石制牌坊

"孝阙流芳"石牌坊，建于1916年，是一座三间四柱冲天式石制牌坊，高5.4米，明间宽2.1米，次间宽0.8米。

正刻"孝阙流芳"四字，上款阳刻"大总统题褒"，下款阳刻"广东杨耀春 中华民国五年十二月"。四柱阴刻两副对联，明间门柱的对联为"纯孝本性成风雨鬼神皆感泣；恩伦自天锡邻里乡党无间言"，落款"前清举人乡晚生温灏敬题"。次间门柱阴刻对联"立一代纪纲手诏恭承诸大夫有所钦式；监千秋访表头衔荣奖通国人莫不颂扬"，落款"前清举人愚大侄兆清敬题"。

"孝阙流芳"石刻（雁洋镇党政办供图）

| 风习不辍 |

根据牌坊碑文记载，牌坊由清末两广总督李翰章和广东巡抚刘瑞芬捐赠而立，以表彰南福村民杨谷圜的孝慈故事，后由中华民国大总统黎元洪褒题，是目前梅县保存最完整的牌坊。据传，杨谷圜的母亲当年患恶疮疼痛难忍，杨谷圜与两位夫人悉心照料。为了使母亲的顽疾尽快痊愈，他与两位夫人轮流用嘴为老人吸脓，终于使命悬一线的母亲转危为安。他们的孝行事迹一时被广为颂扬，甚至传到了黎元洪大总统的耳中，黎听后大受感动，并应杨氏后人的请求褒题"孝阙流芳"四字，以旌表孝行，勉励后人以此为表率。歌新村至今仍崇尚孝慈风气。2014年，歌新村所在的南福行政村获梅县区"孝慈乡里"称号。

| 链接 |

雁洋镇位于梅州市梅县区东北部，坐落于莲花山脉的五指峰下，距梅州市区33千米，距丙村镇9千米，距松口镇16千米。

歌新村村貌（梅县区地方志办供图）

（供稿、复核：黎志康）

贞孝坊·湛江市坡头区

坡头镇九有村

贞孝坊（坡头区地方志办供图）

钦旌贞孝坊

贞孝坊，位于九有村东面的坡地上，砖石结构，坐西向东，高8米，长9米，牌坊两面有"圣旨""钦旌""贞孝坊""百世流芳"等石刻，有一大二小三个拱门。据清光绪版《吴川县志》记载，这座牌坊始建于清道光二十二年（1842年），至今保存完整，2010年被公布为湛江市文物保护单位。

势如城楼立村前

驻足牌坊前，首先映入眼帘的是牌坊中层正中间雕刻的"百世流芳"四字。上层正中刻有"圣旨"二字。牌坊坐西向东，犹如一座远古的城楼，气势恢宏，古雅清幽。

○ 贞孝坊正面题字（坡头区地方志办供图）

历尽风雨藏真颜

贞孝坊自建立以来，长久失修，保护不善，加之风吹雨打，自然灾害侵袭，如今整个牌坊青苔满身，字迹不清，图文模糊。

链接

坡头镇位于湛江市坡头区，东与吴川市接壤，北与龙头镇相连，南与南三镇隔海相望，西连南海西部石油公司，与市中心仅距10千米。该镇有海滩涂1万多亩，海岸线长30多千米。

（供稿：林汉英；复核：关文生）

○ 九有村村貌（陈文辉摄）

普济桥·清远市清新区

浸潭镇芦苞围村

○波光桥影

九孔十三阶

普济桥始建于清光绪六年（1880年），重修于清光绪十二年（1886年），重建于1995年。桥坐东北向西南，桥面全长98米、宽5.1米。石板麻石逼拱式倒马鞍形结构，共九个孔。两头低中间高，两头各有十三级石级登桥。桥两侧为麻石桥栏，桥栏上有四对石质狮子和两对石质童男童女（已遗失）。桥下孔洞可供帆船通行。桥墩桥身全部用大青石块逼拱而成，桥形雄伟壮观，质地坚实稳固，为古代建桥史上的精品。

"难逢中立客"

普济桥两边桥头各有一副石刻对联，其中东边对联曰："当路难逢中立客；知君原是过来人。"西边桥头曰："大前程终难驻足；好晚景及早回头。"据说，此对联是清代举人陈谟所撰，可惜现已被毁坏。普济桥建筑风格独特，且历史悠久，被公布为清远市文物保护单位。

普济桥全貌(清新区史志办供图)

| 链接 |

芦苞围村位于清远市清新区浸潭镇南部,距镇政府约0.5千米,与围头村、大竹园村相邻。该村坐落于滨江山区六合冲山脚下,芦苞河从村东面流过,因村落被小河两岸的芦苇竹包围,故名芦苞围村,又名芦苇村。

芦苞围村村貌(谢云龙摄)

(供稿:朱健明;复核:钟洁华)

陈塘宋桥·潮州市饶平县

钱东镇钱塘村

陈塘宋桥（余献民摄）

南宋古桥

钱塘村有一条连通该村和镇区的石桥——陈塘桥。小桥其貌不扬，历史却很悠久，始建于南宋末年，距今已有700多年历史，但依然很坚固。该桥长28米，宽1.6米，高7米，6墩5孔。桥面主要由长约5米、宽0.4米的长石板并排架在桥墩上相连筑成，桥墩亦由大小石板砌成，横跨一河两岸连接钱塘、小东两个村，是两个村的分界线。

古道通津

陈塘宋桥于南宋末年由潮州知州陈圭捐资建成，是潮州通往福建官道的必经桥梁。造桥的石块由海路运来，直接从船上吊起安放在桥墩上。

小桥不仅是村民进出镇区的捷径，同时每逢海水倒灌，村民还可以将挡板装到桥墩上的石槽中，小桥就变成了"水坝"，用来阻挡咸水浸毁村中良田。如今宋桥经历700多年的风风雨雨仍完好无损，成为饶平县境内现存最古老的桥梁。

桥边树影婆娑（余献民 摄）

链接

钱塘村，位于潮州市饶平县钱东镇西部，古称"陈塘"，总面积3平方千米。村民主要为林姓和黄姓，2015年末户籍人口5285人。该村历史文化底蕴深厚，古建筑保存完好，其中崇德里列入县级不可移动文物名录、宋桥被公布为县级文物保护单位。2016年、2017年成功承办两届"南粤古驿道定向大赛"。先后荣获"广东省卫生村""广东省生态文明村"称号。

钱塘村村貌（饶平县地方志办 供图）

（供稿、复核：饶平县地方志办）

崎碌炮台·汕头市金平区

石炮台街道石炮台村

○ 石炮台村村貌（石炮台街道办供图）

花岗岩古炮台

崎碌炮台俗称石炮台，于清同治十三年（1874年）动工兴建，清光绪五年（1879年）竣工，耗资8万两银元。炮台用花岗岩和贝灰筑成，总面积1.96万平方米，其中城堡面积为1.06万平方米。炮台呈环圆形，大门是明清时期的券门样式，宽、高各3米，门墙厚3米，连接着石砌的拱顶隧道式炮巷。炮台大门两侧设有东、西辕门，场院内东沿有3米宽的27级流线型花岗岩石阶梯，大炮可顺级推上台面炮位。环圆式台面设有通风报话塔75个、通往场院小石梯11条，指挥台设通往炮巷螺旋形花岗岩梯1条，炮巷通往场院大门19个、小门12个，还有多处窗户，自然采光，拱顶环圆式的炮巷通畅

○ 崎碌炮台东辕门（石炮台街道办供图）

○ 炮台墙堞（石炮台街道办供图）

炮台顶的火炮（石炮台街道办供图）　　大炮正面（陈成人摄）

明亮。

　　环圆状带形墙体的城堡，墙体及台面炮道用贝灰和糯米浆混合夯筑，炮台内圈直径85米、外圈直径116米，外围墙高6.7米，内围墙高5.15米。营房沿炮台围墙建造，房顶用条石铺成平台。炮台上下两层原各安装火炮18尊，其中最大的有2500千克前膛大炮，射程达8千米。平台外围墙体按墙堞形构筑，设有炮眼。炮台北面挖有一口淡水井，环绕外围墙有一护台河。北面建有一"涂炮台"作辅台，两炮台之间有隧道相连。

炮台历史

　　崎碌炮台是一座设计独特，规模较大，保存较为完好的清代军事设施。炮台建成初期，由南澳镇派出80名练兵驻守。辛亥革命后，炮台所有大炮被军阀以废铁卖给日本。1927年9月24日南昌起义南下部队进入汕头市时，曾派兵驻守于此。后来，此处曾被国民政府设置为监狱。中华人民共和国成立后，炮台由汕头市公安局接管。1989年被广东省人民政府公布为省级文物保护单位。1991年炮台及周边区域经全面修缮，开辟为汕头市石炮台公园。1995年，被确定为汕头市爱国主义教育基地。2013年，被国务院公布为全国重点文物保护单位。

链接

　　石炮台村，位于汕头市金平区石炮台街道南部，始建于清同治年间，至今有100多年历史。因村内有崎碌古炮台，故取名石炮台村。村民主要为李姓、陈姓。2016年，总人口2100多人。

（供稿：邱文化；复核：汕头市地方志办）

调丰古官道·湛江市遂溪县

岭北镇调丰村

官道遗址

古官道遗址呈"S"形,由银溪河向仲建公路延伸,分布面积615平方米。村东南银溪畔的大片青石上,遗留有深约64厘米的古车辙,车辙是雷州半岛古代交通工具——高脚牛车在玄武岩坡上,经漫长岁月摩擦碾压而成。车辙间深邃的蹄窝承载着历史的足迹,见证了古官道的喧嚣与没落。2006年4月底广东省和遂溪县博物馆专家考证,认为这是宋代以前的千年古道。千年古官道遗迹为粤西地区所罕见。2006年被公布为湛江市文物保护单位。

古官道(遂溪县地方志办供图)

千年车印

2006年村民在该村东面发现砂石上有两道奇异的牛车辙,没人能说清楚这印痕如何得来,称为"牛车印"。"牛车印"横过一条小河,通向村中。遂溪县第三次

古官道遗址文物牌(遂溪县地方志办供图)

调丰村村貌(遂溪县地方志办供图)

"牛车印"（遂溪县地方志办供图）

全国文物普查工作队员实地丈量，车辙长41米，辙距1.76米，深0.4米，最深处0.68米。车辙上坡转弯处两边有小圆洞和人工打凿"回"字形棋盘多处。

链接

调丰村位于湛江市遂溪县岭北镇，建村已逾千年历史。村内文物古迹有千年官道，宋代建筑的程氏祖祠、石敢（石狗）、八角石井、东坡石井等，以及明清时期的外翰第（北京大屋）、景兰阁。

（供稿：岭北镇政府；复核：遂溪县地方志办）

徐闻古港遗址·湛江市徐闻县

南山镇二桥村

◎ 大汉三墩南大门（陈李琴摄）

汉代海上丝绸之路始发港之一

徐闻古港为汉代海上丝绸之路始发港之一，其遗址在今徐闻县西南海滨南山镇二桥村一带。该地前峙三墩，南临琼州海峡。汉代，处于古番禺、合浦近海航线的必经之地，与出产珠贝、玳瑁的珠崖隔海相望，对外贸易活跃，时有民谚云"欲拔贫，诣徐闻"。至三国两晋南北朝，徐闻古港对外通商贸易已相当发达。唐代以后，航经徐闻港的远洋船减少，徐闻港逐渐衰落。

◎ 汉代八角航标灯座（黄飞凤摄）

◎ 二桥村村貌（陈李琴摄）

"万岁"瓦当

1990年5月，广东省考古学者在徐闻县南山镇二桥村发现大片汉代遗址，有大量板瓦、筒瓦和戳印纹陶片，特别是首次发现"万岁"瓦当。瓦当厚重，直径14.5厘米，中分四部分，正中为近似小篆的"万岁"二字，两边为云纹，与板瓦、筒瓦质地、规格、风格一致，为汉代遗物。1993年省市考古学者又到二桥村发掘，再获大量汉代各种文物。经考证，今二桥村一带为汉代徐闻县治和徐闻港遗址。

链接

二桥村位于湛江市徐闻县南山镇，拥有丰富的物产资源和悠久的历史文化传统。二桥村村民主要从事种植业，新农村新社区建设过程中取得了丰硕的成果。

（供稿：黄飞凤；复核：王保国）

徐闻港全貌（陈李琴摄）

后记

　　2018年，广东省人民政府地方志办公室对全省自然村落历史人文普查工作成果进行初步的开发利用，组织编撰"广东名村系列丛书""广东乡村集萃系列丛书"，选取部分特点突出的历史文化村、特色产业村、美丽乡村、红色文化村、教育强村、经济强村等广东名村，以及特色建筑、民俗、物产、人物、技艺、传说等广东特色集萃，试图搭建普查资源结构化展示的雏形。两套丛书编撰出版工作按计划分步实施，经过半年多的努力，首批编撰的《广东历史文化村》《广东美丽乡村》《广东特色产业村》《广东红色文化村》《广东物产》和《广东特色建筑》即将面世。丛书初稿由全省各级地方志工作机构组织撰写与推荐，并由仲恺农业工程学院师生按照一定标准，对征集资料进行再度评选和编撰。丛书使用的图片主要采用各地报送和丛书项目组拍摄的图片，网络图片均来自官方网站。

　　编撰出版过程中，得到各方的支持。各级地方志工作者克服时间短、任务重的困难，从浩瀚的村落普查资料中，挑选推荐出广东名村和特色项目；仲恺农业工程学院师生认真统稿、严格把关；华南理工大学出版社积极配合、高效运作；省情专家陈泽泓精心指导，张莹全程参与。同时，对本书文稿和图片提供者，一并感谢。由于成书仓促，错漏难免，敬请读者不吝赐教。

丛书编辑部
2018年12月